小学劳动教育研究

赵荣辉 ◎ 主编

闫立华 杨家琦 王文琪 ◎ 副主编

中国纺织出版社有限公司

内容提要

劳动是劳动教育的根本路径，劳动教育是促进小学生身心有序成长的重要媒介。本书在整理有关劳动教育资料的基础上，结合实际调研，从当前小学劳动教育的现状入手，努力探寻小学劳动教育的现实状态，揭示小学劳动教育存在的问题以及背后的缘由，在此基础上，探寻小学劳动教育的价值，并力求提出推动小学劳动教育有效实践的对策与建议，服务于小学生全面发展的现实需要。本书适用于小学劳动教育研究人员和教学人员。

图书在版编目（CIP）数据

小学劳动教育研究 / 赵荣辉主编；闫立华，杨家琦，王文琪副主编. --北京：中国纺织出版社有限公司，2023.5

ISBN 978-7-5229-0578-5

Ⅰ. ①小… Ⅱ. ①赵… ②闫… ③杨… ④王… Ⅲ. ①劳动课—教学研究—小学 Ⅳ. ①G623.92

中国国家版本馆CIP数据核字（2023）第083833号

责任编辑：段子君　　责任校对：王蕙莹　　责任印制：储志伟

中国纺织出版社有限公司出版发行
地址：北京市朝阳区百子湾东里 A407 号楼　邮政编码：100124
销售电话：010—67004422　传真：010—87155801
http://www.c-textilep.com
中国纺织出版社天猫旗舰店
官方微博 http://weibo.com/2119887771
三河市延风印装有限公司印刷　各地新华书店经销
2023 年 5 月第 1 版第 1 次印刷
开本：710×1000　1/16　印张：15
字数：170 千字　定价：99.00 元

凡购本书，如有缺页、倒页、脱页，由本社图书营销中心调换本书系2022年度国家社会科学基金教育学西部项目"蒙古族传统劳动教育的传承与创新研究"（BAX220340）、内蒙古自治区高等学校青年科技英才项目（NJYT22026）的研究成果。

序言

劳动是人类的能动活动，人类通过这种能动的活动去转化自然形态，发展人的精神能力。由这种转化，促进主体的对象化，使主体获得真正意义上的自由，最终促成人类的自我实现。劳动在人类发展史上始终扮演着重要角色。劳动不仅是人类生存的基础，还是推动社会发展进程的动力和源泉。教育作为一种启迪人类智慧、挖掘人类潜能的综合实践活动，同劳动一起，推动了整个世界物质文明和精神文化的发展。劳动教育作为一种特殊的教育方式，在促进小学生的心智发展和人格健全方面发挥着重要作用。

劳动是人类的本质活动，劳动是创造美好生活的手段，劳动是一切幸福的源泉。劳动是劳动教育的根本路径，劳动教育是促进小学生身心有序成长的重要媒介。劳动教育是教育有机体不可或缺的重要构成部分，与德育、智育、体育、美育共同构成一个完整的教育体系。构建"五育"并举的育人体系是新时代的迫切需要，只有"五育"并举，才能打造高质量的协同育人体系，从而培育能够担当民族复兴大任的时代新人。

劳动教育是中国特色社会主义教育制度的重要内容，直接决定社会主义建设者和接班人的劳动精神面貌、劳动价值取向和劳动技能水平。劳动教育要侧重对小学生心性的陶冶，不能流于形式，或者简单地重复劳动，而是要激发小学生的劳动动机，点燃小学生的劳动激情，提高小学生的劳动素养，真正使劳动入心、使劳动入脑、使劳动入情、使劳动入意、使劳动入行，只有这样，才能真正培育小学生的吃苦精神、分享精神、协作精神以及奉献精神。精神映照着个人，个人感知着精神。在二者互动中，小学生丰富了自我的精神。经过令人神清气爽的劳动浴，小学生的精神世界会产生质的飞跃。

劳动教育是教育的重要构成部分，没有劳动的教育是片面的教育。劳动以外的教育和没有劳动的教育是不存在也不可能存在的。从生活的角度看，人离开了劳动便无法生存。从教育的角度看，人离开了劳动便无法成长。小学劳动教育旨在消除劳动被淡化、弱化、异化的现象，将劳动教育融入小学生成长的整个历程，贯通各个学段，贯穿各个环节，与德育、智育、体育、美育相融合，从而真正发挥劳动教育的协同育人功能，促进小学生的身心全面和谐发展。小学劳动教育侧重于有目的、有计划地组织小学生参加"日常生活劳动、生产劳动和服务性劳动"，让小学生切实经历动手实践，出力流汗，接受锻炼，磨炼意志。小学劳动教育所期待的不是空漠的所谓一般的陶冶，而是要从手之训练中，养成有用的独立人格。小学劳动教育致力于培养小学生良好的人格，致力于维护公共善。小学劳动教育不是为了造就英雄、豪杰，归宿是凡人的教育。

本书在整理有关劳动教育资料的基础上，结合实际调研，从当前小学劳动教育现状入手，努力探寻小学劳动教育的现实状态，揭示小学劳动教育存在的问题以及背后的缘由，在此基础上，力求提出推动小学劳动教育有效实施的对策与建议，服务于小学生全面发展的现实需要。

希望本书的出版能够为小学劳动教育提供有益的借鉴与参考。

编者

2023 年 1 月

目录

第一章 绪论
- 一、选题缘由 …… 2
- 二、研究目的与意义 …… 7
- 三、文献综述 …… 9
- 四、概念界定 …… 41
- 五、研究思路与方法 …… 45

第二章 小学劳动教育的现状
- 一、劳动教育教学 …… 48
- 二、劳动教育活动 …… 54
- 三、劳动教育保障体系 …… 59

第三章 小学劳动教育存在的问题
- 一、劳动教育观念不强 …… 64
- 二、劳动实践活动单一 …… 67
- 三、劳动教育地位不高 …… 68
- 四、劳动素质有待提升 …… 72
- 五、保障条件不够完备 …… 73

第四章 小学劳动教育问题成因分析

一、劳动价值观偏差 ·················· 80
二、社会因素的影响 ·················· 81
三、应试教育的影响 ·················· 86
四、小学教育的忽视 ·················· 87
五、家校间缺乏协同 ·················· 90
六、条件保障的缺失 ·················· 93

第五章 小学劳动教育的意义

一、培养全面综合性人才的本质要求 ·········· 98
二、实现德育综合育人功能的重要途径 ········· 99
三、满足小学生内心精神需求的有效手段 ········ 100
四、小学生从个体走向社会的中介环节 ········· 101
五、生成小学生自我价值的路径 ············ 103

第六章 小学劳动教育的内容

一、自我服务劳动 ··················· 108
二、家务劳动 ····················· 109
三、班务与校务劳动 ·················· 112
四、简单生产劳动 ··················· 113
五、学习性劳动 ···················· 115
六、工艺劳动 ····················· 116
七、公益劳动 ····················· 117

第七章　小学劳动教育评价

- 一、小学生劳动素养评价的原则 ……………………… 122
- 二、小学生劳动素养评价的依据 ……………………… 126
- 三、小学生劳动素养评价的内容 ……………………… 129
- 四、小学生劳动素养评价的指标 ……………………… 149
- 五、小学生劳动素养评价的策略 ……………………… 157

第八章　小学劳动教育的实践策略

- 一、树立正确的劳动教育观念 ………………………… 162
- 二、开展生动有效的劳动教育 ………………………… 169
- 三、协调各方劳动教育力量 …………………………… 174
- 四、把握小学劳动教育新方向 ………………………… 181
- 五、构建小学劳动教育实践体系 ……………………… 188
- 六、丰富小学生劳动教育实践体验 …………………… 194
- 七、突出小学生的主体地位 …………………………… 198
- 八、完善劳动教育保障机制 …………………………… 209
- 九、构建"五育"并举的育人体系 …………………… 214

结语 …………………………………………………………… 220

参考文献 ……………………………………………………… 222

后记 …………………………………………………………… 227

第一章 绪论

一、选题缘由

劳动与一个国家甚至一个民族的命运息息相关。在当代，劳动的作用不能仅停留在作为一种社会谋生的手段。在一个人的整个生命成长过程中，心灵的富足和健康成长是最重要的，而劳动在此环节发挥了重要作用。这也是近几年来劳动教育开始在全国受到密切关注的重要原因。此外，对小学劳动教育进行研究可以进一步探索劳动与满足小学精神层面需要之间的联系，帮助教育者更好地理解劳动教育在新时代对小学的新要求、新内容与新指向，以保证小学劳动教育的有效实践。

（一）小学劳动教育是新时代教育发展的必然要求

当今时代，我国高度重视劳动教育。2020年3月20日，中共中央、国务院发布了《关于全面加强新时代大中小学劳动教育的意见》（以下简称《意见》），该文件强调了劳动教育的重要性，指出当前学生劳动实践很少，无法根据劳动时间及劳动强度调整自己的劳动习惯及劳动方式。另外，该意见指出实施劳动教育要从实际情况入手，多发现并找出问题的根源，以便有针对性地处理在劳动教育实施过程中可能出现的问题。强化劳动教育理念，加强劳动教育，提高教师的专业技能水平，纠正学校中不恰当的劳动价值观，从而提高学生的劳动素质。教育部2020年7月7日颁布的《大中小学劳动教育指导纲要（试行）》明确提出，把劳动素养作为全国中小学的综合素养评估体系的一部分，将过程评估和成果性评估紧密结合在一起，进一步健全和完善中小学的劳动素养评估规范、评估程序和评估办法。劳动教育的基本目标，即提升学生劳动素养，这是劳动态度、劳动能力等的综合性体现。把劳动素质作为学生综合素养评估体系的一部分能够使学校更加注重劳动教育，把其评估结果作为评价学生劳动素养的关键指标。学校采用公示、评估等方式确保学校劳动素质评估的真实性、可靠性，从根本上履行学校立德树人的各项基本任务，做到以劳树德、以劳增智、以劳强体、以劳育人。劳动教育旨在提升学生的劳动素质，如今学校不仅要关注学生劳动意识的塑造，同时要注重学生劳动能力的建构、劳动文化精神的熏陶以及劳动习惯的养成。学生的劳动素养的养成不是一蹴而就的，需要包括家长、老师、学校以及教育机构在内的社会各界形成教育合力并携手并进，只有这样，学生的劳动素养才能获得全面提升。

随着时代的发展，劳动教育在国家的引导下有了明确的实施方向。《教育部基础教育司 2019 年工作要点》明确了当前中小学劳动教育实施中应遵循的具体要求和原则，其中提出要将校内外的劳动教育与家庭教育相结合，以期保证劳动在教育层面发挥出应有的功能。《意见》为当前中小学的劳动教育实施提出了一些具体可行的建议和实践方向，并对培养新时代的人才提出了劳动方面的要求，同时，教育部已经把学生的劳动素养列为评价学生综合发展的重要标准和依据。对小学阶段的学生来说，他们正处于精神、身体、人格等各方面的发展奠基时期，因此，合理地开展劳动教育显得至关重要。总而言之，劳动是全体人类共同的基础事业，它的完成与否不仅代表个人社会价值的实现程度，还影响整个社会的发展进程。伟大复兴中国梦的实现必须紧紧依靠劳动，紧紧依靠劳动人民。幸福生活从来都不是唾手可得的，都需要付出辛勤劳动。无论一个人未来想从事何种职业、享受哪一种生活，他的生命中都离不开劳动。

（二）劳动教育在促进小学生个体成长方面具有重要价值

不管是过去还是现代社会，一个人的任何社会活动都包含体力和智力活动的开展，离开了这二者，不但直接影响个人创造价值的实现，也会扰乱社会各项正常的劳动活动，使得劳动任务无法及时进行和完成。劳动与教育必须是统一的，二者相结合才能发挥其最大的效用。需注意的是，劳动美感的体现也是教育的重要方面，只有激发小学生潜在的劳动信念，让小学生自愿劳动、赞美劳动，发挥劳动充实小学生精神生活的价值，才是劳动教育的真正意义。

（三）强化小学劳动教育的现实需要

在新时代的背景下，劳动教育被提上了国家教育发展的日程，与德、智、体、美教育一起，构成了完整的社会主义教育体系。在思想上，劳动教育可以改善青少年的精神面貌，提升他们的劳动认知水平；在实践上，劳动教育可以加强青少年动手操作的能力，增强体质，提高劳动技能。近几年，虽然我国的劳动教育实践取得了一定的实效，但从总体来看，效果并不显著。在一些小学生中，依然存在"肩不能挑，手不能提"的情况，小学生缺乏一定的劳动能力，甚至有的小学生形成了劳动可耻的不良思想观念。劳动的教育功能得不到展现，育人价值逐渐被弱化。笔者对以上现象和问题进行分析后发现，除了小学生的个人因素之外，还受到社会、学校、家庭等不良思潮的影响。正因如此，小学劳动教育理应受到重视。

劳动创造人类当下的幸福生活，劳动也是生活的基础，然而社会各界劳动教育缺失的现象令人担忧，表现为学校开展的劳动教育不被家长认可、学生不具备健全的劳动意识、学生缺乏动手参与劳动的机会等。家庭中，父母更看重孩子的学业成绩高低，缩减乃至剥夺孩子劳动的时间；学校里，劳动教育课为主科课让路，大部分学校不开设或者少开设劳动课；社会上对于热爱劳动的良好美德未加大力宣传弘扬，未能树立崇尚劳动的社会风气。因此，不尊重劳动成果、不愿劳动甚至不能劳动的现象已经在小学中出现。再加上错误劳动价值观的影响，致使一些小学生的行为出现偏差，我们要肩负起对小学生进行劳动教育的重任，通过正确的引导，让他们理解劳动的内涵，形成正确的劳动价值观，锻炼个人劳动技能，提升个人独立自理能力，为小学生全面健康成长奠定良好的基础。

（四）彰显劳动教育在教育体系中的重要地位

劳动教育是整个教育系统的黏合剂。第一，劳动教育与德育密不可分。劳动教育能够使小学生养成科学的社会主义劳动价值观和劳动态度，热爱劳动，尊敬劳动人民和劳动成果，以抵御社会好逸恶劳、奢侈浪费等不良习气的影响，从劳动中磨炼精神品格，这本来便是学校品德教育的主要内涵。第二，劳动教育可促进智育。课堂上学到的书本知识、理论，都必须经过实践才能内化和提高，劳动中还可以直接为小学生某些基础知识的掌握、思想与情感上的体会，创造现实情境。小学生将《悯农》背得滚瓜乱熟，但他们对诗词作品思想内容的理解，恐怕还不及在田间地头干一小时的农活来得深入。第三，劳动和体育相辅相成。体育是在人类劳动的过程中逐渐形成的，虽然劳动无法取代运动，但劳动却能够提高人身体消化吸收能力，使人体魄更加强壮，为运动打好基础。部分乡村小学以及城乡接合部的特殊学校，学生体育成绩和身体检测指标普遍高于中心城区小学，这与这些学校学生的劳动锻炼时间较多有一定关联。第四，劳动涵养美育。劳动既创建了社会，也创造了美。劳动美就是人类在生产劳动实践过程中产生并表现出来的美，是社会美的基础内涵。它把人的自由以及能力、智力、品德、意志、情感等基本力量，最直观、最集中地反映到生产劳动实践中。劳动教育能够引领小学生树立正确的审美价值观，保持自我独特的审美意识与选择。可见，小学劳动教育对于培养小学生的综合素养以及促进他们全面发展具有不可或缺的作用。

（五）优化小学劳动素养评价的迫切需要

小学劳动素养评价是小学劳动教育的实施保障。小学劳动教育的关注对象是人本身，即小学生自身是否具备劳动教育目标所期望的品质。为了培养全面发展的人，需要在劳动意涵中挖掘劳动的核心要义，从而实现劳动教育目标。劳动是由广泛多元的要素组成的，所以劳动素养所包含的内容尤为丰富。劳动素养作为劳动教育的最终目标，处于劳动教育教学目标的核心位置。小学劳动素养评价能够将小学生劳动素养的内容进行深层次的剖析与衡量，为小学劳动教育实施指明培养目标与方向。因此，小学劳动教育的有效实施需要小学劳动素养评价作为度量衡，使小学劳动教育对小学生的要求更具科学性，以达到合理有效的培养目的。

小学劳动素养评价是小学劳动教育的实效保障。目前，针对综合素质评价的研究较为丰富，虽然综合素质评价涵盖小学劳动素养的评价，但是仅以笼统的视角进行宽泛评价，长此以往，必然会造成与其他素养的混淆，直接对小学劳动素养的培养效果产生影响。而小学劳动素养评价是只针对小学生劳动素养的评价体系，并且会分层次要求不同学段的学生，真实有效地对小学生劳动素养进行靶向评估。此外，小学劳动素养评价的科学性、合理性、实用性也将彰显其使用价值，促使小学劳动素养评价深入贯彻到小学劳动教育全过程，有效落实到小学劳动教育的每个细节，培养真正具备劳动素养的人。

小学劳动素养评价体系尚未完善。据调查发现，近几年学者对于劳动教育的研究主要集中在劳动意涵、劳动路径、劳动意义等方面，在劳动教育评价方面仍需进行深入探究。倘若小学劳动教育在实施中没有完善的小学劳动素养评价体系对其进行测量与反馈，则很容易使小学劳动教育的实施路径陷入茫然，小学生的劳动素养提升必然难以达到理想状态，从而导致小学劳动教育在实施过程中逐渐趋于随意化。目前，我国小学劳动素养评价在部分学者的研究下初见雏形，但仍处于逐步完善阶段，因此，为了使小学劳动教育高质量实践，对小学劳动素养评价体系的建构势在必行。

二、研究目的与意义

（一）研究目的

劳动教育作为除了德、智、体、美教育之外，我国素质发展教育体系的另一重要构成部分，它不仅影响小学生的劳动精神面貌，同时还决定小学生的劳动水平和劳动能力。小学阶段是开展小学劳动教育的最佳时期。而这一时期又是塑造小学生良好思想品德，养成正确行为习惯和培养其核心素养的重要时期，所以，学校、教师和家长必须抓住这一重要时期对小学生开展适度的劳动教育，以培育小学生正确的劳动观点和劳动习惯。随着社会经济的迅速发展和科技水平的日益提高，国家对人力资源的要求愈来愈高，当综合素养的水平成为评价一个人的关键指标时，就必须从小对学生加以引导，而劳动教育正是培育小学生综合素养的重要途径。所以，教育者做好对小学生的劳动教育工作，让小学生从小就处于一个热爱劳动的氛围中，在劳动实践中促进小学生多种才能的发挥。本书通过检索有关文献，从小学劳动教育现状出发，采用调查研究等方法，了解小学劳动教育的实际开展状况，并发现小学劳动教育开展过程中存在的问题，从多方面探讨问题的成因，进而结合原因为小学更好地开展劳动教育提供可资借鉴的解决对策，促进小学高效率地开展劳动教育工作，以培育小学生的劳动观念、劳动能力、劳动习惯和品质、劳动精神，促进小学生的全面成长。

（二）研究意义

1. 理论意义

从理论上讲，劳动教育不仅影响社会的发展，也影响人自我价值的确立。研究者通过对已有的小学劳动教育相关文献进行整理和分析，发现当前小学劳动教育还面临劳动观念不强、劳动价值观错位、劳动实效性缺失等问题，许多教育者缺乏对劳动教育在育人价值方面的充分认识。因此，本书力求使教育者明确小学劳动教育的内涵，不断引导小学生树立正确、健康的劳动观念和劳动价值取向。此外，相关学者对劳动教育问题的理论性、系统性研究也存在不足。随着社会的不断进步，劳动在教育方面的价值逐渐得到认可和重视，同时劳动教育的内涵不断更新，因此，需要对劳动教育进行系统性研究。本书力求结合时代特征，探讨小学劳动教育的现状、存在的问题以及问题背后的缘由，在此基础上，探讨小学劳动教育的价值、内容以及实践路径等，进而丰富相关研究成果，拓展已有研究领域。

2. 实践意义

劳动对于人的作用不仅在于创造物质财富，更为关键的是，劳动对人在精神、灵魂、意志等方面产生影响，劳动可以净化人的心灵，充实人的灵魂，满足人的精神需求。首先，劳动教育对于促进小学生身心健康的发展具有重要的价值意义。劳动教育可以在小学生的内心建立正确的劳动观，摒弃贬低劳动、厌恶劳动的错误思想观念，进而培育他们树立劳动最光荣的良好劳动情感。让小学生认识到劳动的重要作用，从而真正尊重劳动、热爱劳动、投入劳动，这当然不是简单的体力锻炼，而是一种积极的价值观引导。其次，小学劳动教育是培养小学生认识美、发现美、创造美的能力的重要路径，能够培养小学生的审美人格。小学生的内心深处潜藏着认识世界、发现世界、探索世界的种子，如何让这颗种子破土而出、顺利生长，则是小学劳动教育应该考虑的问题。一个人如果没有感知美的能力，那么，他的整个精神世界将是灰暗的。小学劳动教育可以让小学生感知美、接受美、理解美，逐步成长为具有一定审美能力的时代新人。劳动教育作为一种特殊的教育方式，在促进小学生心智发展和人格健全方面发挥着重要作用。目前，小学劳动教育已经受到了社会各界的广泛关注，但仍然存在对小学劳动教育的内涵认识不足、小学劳动教育实践方式的误用等现象。苏霍姆林斯基曾说："学生的任何一项劳动，应当不仅是物质价值的创造，而且是自身价值的创造。"❶ 辛苦的劳作并不是教育实施的最终目标，只有小学生自身真正相信劳动对于生活、对于个人发展具有重要价值，才能真正融入劳动教育。基于此，本书力求为小学劳动教育实践提供有价值的理论依据与实践策略，进而服务于小学劳动教育的实践需求，服务于小学生全面发展的需要。

三、文献综述

（一）国内研究综述

1.劳动教育的发展历程研究

徐长发教授在《新时期中国劳动教育事业的再发展》中介绍，2015年7月，国家教育部、共青团中央、我国少工委联合发布《有关进一步加强中小学劳动教育工作的若干意见》后，虽然中国劳动教育事业发展的国家政策、环境条件和国际社会舆论环境有了相当程度的改变，但是不同地方

---

❶ 苏霍姆林斯基.帕夫雷什中学[M].北京：教育科学出版社，1983：374.

的推进速度不同，宣传实施的效率与力度也是不均衡的，存在较大差异。部分地方更是处于观望态势，行动迟缓。卓晴君研究中国历史转折阶段的中小学家庭劳动教育工作，即从党的十一届三中全会开始到党的十二大前。随着十一届三中全会召开完成了中国发展史上有着重要意义的伟大历史转折，党和国家的工作重心开始转移到社会主义现代化建设方面的崭新的历史进程。为了顺应这一变化，在教育战线上深入落实并执行"调整、改革、整顿、提高"的八字方针，中小学的劳动教育逐步得到恢复、改革和实现新的发展。共包括两个部分，一是颁发顺应当时新形势下中小学的教学计划，以巩固劳动教育课的重要地位；二是实施中等教育结构改革。

徐茂华和周梨洪将中国加强学生劳动教育发展分为四个历程：一是1949—1956年，新民主主义社会向社会主义社会过渡的青少年学生劳动教育；二是1957—1977年，社会主义建设时期的青少年学生劳动教育；三是1978—2012年，改革开放后至党的十八大的青年学生劳动教育；四是2012年至今，新时代中国特色社会主义对青年学生劳动教育的新发展。叶志明在针对劳动教育的研究中认为，中华人民共和国成立以来，国家就十分重视劳动教育，强调教学工作必须和生产劳动相结合，有计划地组织学生进行劳动。改革开放以来，我国劳动教育实现了快速发展，其中卓有成效的是以清华大学为代表的高等院校。清华大学是中国众多高等院校中第一个设立公益劳动课的学校，并作为学校的必修课纳入教学计划。其后，许多院校开始向清华大学学习，逐步开设公益劳动课程。劳动教育的表现形式以及教学内容方面在社会发展进步的影响下，也发生了明显变化。胡斌武、沈紫晴二位教授关于劳动教育的研究成果大致表现为如下若干研究阶段：一是1949—1977年，称初步探索时期，这一时期，重点总结学校实施劳动教育的经验。研究者们以《人民教育》等教育刊物为首战场，同时对国内外两个维度分析，对各地、各类院校所开设的劳动教育内容、实施工作模式和管理制度做出了详尽阐述。二是 1978—1998 年，称逐渐繁荣阶段，这一时期的研究重点聚焦在三个方面：①劳动教育的意义。②劳动教育基本理论。③劳动教育实践。三是 1999 年至今，称纵深研究阶段，这一时期研究的重点集中在：①劳动教育政策。②劳动教育地位。③劳动教育价值。

夏惠贤、杨伊[1]围绕着劳动教育改革形态、劳动教育改革的核心议题对百年来劳动教育的变迁进行论述。在教育形态的变革上，两位学者从劳动教育思想、劳动教育课程标准、劳动教育的政策演变等方面进行了具体阐述，同时，二者将劳动教育改革议题分为三大方向：首先，去除劳动教育偏见思想；其次，德、智、体、美、劳"五育"的融合；最后，促进劳动教育内部要素和劳动教育自身要素的融合。

郑程月、王帅[2]将中华人民共和国成立七十年来的劳动教育演进划分为三个阶段。第一阶段是劳动教育的曲折发展时期（1949—1977 年），这一时期注重教育与生产劳动相结合，劳动主要是为了满足国家社会物质生产的需要，注重学生劳动的实用性和技能性的培养；第二阶段是劳动教育的重塑与革新时期（1978—2011 年），在这一时期，素质教育被提上日程，劳动教育的内涵得到丰富；第三阶段是劳动教育体系构建的新时期（2012 至今），在此阶段，劳动教育的时代特征得以凸显，劳动教育对其他"五育"产生基础性作用，对人的全面培育成为劳动教育实施的重要依据。

---

[1] 夏惠贤，杨伊. 我国中小学劳动教育的百年探索、核心议题与基本走向 [J]. 教育发展研究，2020，40（24）：13-20.

[2] 郑程月，王帅. 建国 70 年我国劳动教育的演进脉络、时代内涵与实践路径 [J]. 当代教育科学，2019（5）：14-18.

艾兴、李佳❶从劳动教育课程的角度将中华人民共和国成立七十年来的教育历程分为探索与创建、自主与迷失、改革与重建、转型与创新四个阶段。各个阶段的劳动课程设置虽然体现了不同的时代特点，但是整合性、多样化的劳动内容的设计无疑是劳动课程设置的必然趋势，劳动的育人价值也成为劳动课程的主要价值取向。

张研、曲铁华❷以劳动教育政策的演变为视角，将劳动教育的发展分为四个阶段：恢复与改造时期（1949—1956年）、探索与曲折发展时期（1957—1977年）、规整与改革深化时期（1978—1999年）和特色发展与全新构建时期（2000年至今）。基于此，两位学者对劳动教育政策的演变特点进行了归纳：教学内容从单一走向综合；教学形式从以体力为主转向手脑并用；教育价值由注重物质的工具性取向转变为重视对人本真回归的理性取向。

周兴国、曹荣荣❸剖析了新中国劳动教育思想的变化过程。1953年后，就业问题使得劳动教育开始受到人民重视，劳动教育的政治性和社会价值得以构建；1957年以后，劳动教育开始与社会生产结合起来，劳动教育被赋予了除社会意义、促进人的全面发展以外的多重价值。改革开放以后，劳动教育观念随之更新，"培养社会主义建设所需要的全面发展的新人"成为劳动教育的现实价值。其中，"劳动技术教育"的概念取代了"劳动教育"，劳动技术教育同时被赋予了多重内涵，提高国家教育的质量和国

---

❶ 艾兴，李佳. 新中国中小学劳动教育课程设置：演变、特征与趋势[J]. 教育科学研究，2020（1）：18-24.

❷ 张妍，曲铁华. 劳动教育政策70年：演进、嬗变特点与实践路径[J]. 教育学术月刊，2020（9）：42-49.

❸ 周兴国，曹荣荣. 新中国的劳动教育：观念演变与发展[J]. 中国教育科学（中英文），2020,3（3）：25-34.

民基本素质成为其发展的重要意义。新时代以来，马克思生产劳动理论得到理性回归和发展，劳动精神的教育成为主流，劳动教育的综合育人功能得以完善和丰富。

2.劳动教育的概念和内涵研究

檀传宝教授指出："劳动教育"就是帮助学生树立社会主义劳动核心价值观（科学的社会主义劳动观念、积极向上的社会主义劳动态度，热爱劳动和劳动人民等）和提高劳动素养（有一些劳动专业知识与操作技能、培养健康的劳动良好习惯等）为目的的教育活动。赵章彬对引领劳动教育的实践向度和方位进行了分析，这意味着将劳动内涵的研究运用于劳动实践的价值层面，为学校开展劳动实践创新建设提供关键指引。徐长发则认为劳动教育不仅中小学生欠缺，甚至很多大学生也欠缺。部分学生自幼就缺乏系统的劳动教育、劳动技能教学、应用技能教学，更有甚者没有劳动意识。而为了培养这些能力则需从小事入手，从细节着手，逐步将工人精神、匠人精神融入学生的思想体系构建中，为形成学生的劳动精神信仰奠定牢固的思想基石。

周婕、周扬帆教授关于诠释劳动教育的研究发现，目前，中国对于劳动教育的定义缺乏统一的标准。2015年以前，很多研究者都将劳动教育列在德育内容中。但2015年以后，不少学者提出了劳动教育和德、智、体、美等在教育范畴存在并列关系，如学者王毓珣将教育界定为德、智、体、美、劳"五育"，将劳动教育领域作为"教学构成"的一种下位范畴。

3.劳动教育的内容和特征研究

黄济[1]先生认为，劳动教育的内容非常丰富，其中包括生产技术劳动、

---

[1] 黄济. 关于劳动教育的认识和建议 [J]. 江苏教育学院学报（社会科学版），2004（5）：17–22.

社会公益劳动、生活服务（或生活自理）劳动等方面的教育，并强调这几个方面不是相互割裂的，应结合起来发挥教育的最大效益。

常保晶[1]对劳动教育的内容进行了补充和调整：增加了学生自理能力的劳动技能、一些工农业生产劳动的基础知识和基本技能及反映目前科学技术应用实践的内容。

王连照[2]提出劳动教育具有自然性的本质特征。他提出劳动教育的内容是多方面的，不仅包括知识的获取和能力的提升，更为重要的是劳动在道德行为方面的习惯养成。他认为，这种道德行为能力的养成必须是在劳动的过程中获得的，是环境塑造的作用，并且在此过程中不断进行道德的改组改造。

班建武[3]站在新时代教育的立场上，要求必须扩大劳动教育的内容，提出要重视消费教育和闲暇教育的观点。

李政林[4]从信息时代的视角出发，对劳动教育的内容进行了组织重构。他认为，在数字时代，要培养学生的"新劳动能力"，将"成人"与"成事"作为劳动教育的价值动力，劳动教育要包括基础性、技术性、拓展性三方面的能力，即日常劳动、生产生活劳动和艺术性劳动。

刘力波和白秀[5]将劳动教育与核心素养的特点相结合，提出劳动教育

---

[1] 常保晶. 当前小学劳动教育问题探析[D]. 武汉：华中师范大学，2005.

[2] 王连照. 论劳动教育的特征与实施[J]. 中国教育学刊，2016（7）：89-94.

[3] 班建武. "新"劳动教育的内涵特征与实践路径[J]. 教育研究，2019，4（1）：21-26.

[4] 李政林. 成事与成人：信息时代劳动教育的突破与创新[J]. 中国教育学刊，2020（8）：18-23.

[5] 刘力波，白秀. 核心素养视阈下的劳动教育探析[J]. 教育科学研究，2020（8）：5-10.

具有时间的永恒性、目标的多元化、功能的综合性等特点。徐长发❶认为，劳动教育具有全教育的属性特征。

赵兴波还指出"德、智、体、美、劳"是我国素质教育的基本内容框架，更是培养学生全面健康发展的教学实践构架。这里的"德"代表品德教育、"劳"则代表劳动教育，两种教学方式地位一样，但分属各个价值领域。德育教学的主要目标是塑造孩子端正的三观、造就健全人格，并培养孩子正确的思想道德观念。蔡东红强调将劳动教育融入育人的全过程，贯穿于大中小学各个学段，贯穿于家庭教育、学校教育、社会教育等各个方面，顺应教学规律，创新教育教学机制，讲究科学教法，关注教学成效，实现知行一贯，促使广大学生逐步建立科学的世界观、人生观以及价值理念。黄海英认为，在实践的教育过程中，教师不应只重视基础知识的讲解，而且要主动引领学生开展实践性的动手作业。理论知识联系实际才能使课堂教学的效果更理想。同时在学生动手操作的实践过程中，不仅能够加深对基础知识的领会，同时能掌握基本的生活技巧。

蔡玫瑰教授指出，劳动是一个人在社会生存中应该具备的生存本能，从小就培育学生的劳动意志，有助于学生在日后更好地适应社会变化。劳动教育不是压榨学生劳动力的手段，而要使学生形成劳动最光荣的意识，在内心认可劳动对其成长的重要意义。汤志美教授认为，学校的劳动技术教育课可以促进学生身心全面发展，对学生的成长发育也产生了正面影响，因此，现代社会中小学更加注重培育学生正确的劳动意识与素质。据实际调查显示，学习者在动手实践的过程中更易于调动其学习的兴趣与主观能动性，大大增强学习效果。黎超莹阐述在新时代我国针对素质教育事业发展提出了新的指导方针，也就是要全面实施劳动教育，形成劳、德、

---

❶ 徐长发. 新时代劳动教育再发展的逻辑 [J]. 教育研究，2018，39（11）：12—17.

智统一发展的整体化教学环境。在这样的历史背景下，学校将立足于学生的个性需求和对学生素质建设方面的要求，积极调整并创新具体的教学目标，在全面推进基础智育工作的同时，更有效地开展劳动教育工作，使劳动教育所体现的有效性和具体的教学品质更为显著。

田圣友[1]对劳动教育进行了理论性定义：劳动教育是"以学生获得劳动体验和技术素养的形成为主、多方面发展为基本目标并以操作性探究学习为特征的教育"。他还提出人文性劳动的理念，将劳动教育与人类文明有机融合。

徐諝玮[2]认为，劳动教育是劳动与教育相结合的体现。教育与生产实践相结合是其主要的实践方式。

徐乐乐从三个方面对劳动教育内涵进行界定：劳动与劳动教育的关系、劳动与劳动教育目的与手段的关系及劳动教育手脑分离的问题。基于以上概念，他认为，劳动教育是以教师为主体的教育者，通过具有创造性的劳动，在保障学生全面发展的同时保持自身个性特征的一种教育活动。

赵章彬[3]从劳动的呈现方式、劳动的主客体关系、劳动的自然形态几方面对劳动教育的概念进行了深入分析。在呈现方式上，他提出劳动教育要注重手脑结合，加强对学生身心意志的磨炼；在主客体关系上，劳动教育要明确新时代中国特色的自由劳动本质，要加强学生的劳动体验以及注重劳动塑造个性品质的影响。从自然形态的角度出发，劳动教育要以生产劳动为主，辅之以正常的生活劳动。总之，劳动教育要符合时代的发展方

---

[1] 田圣友. 小学劳动教育的实践与思考 [J]. 教学与管理，2003（17）：6-7.

[2] 徐諝玮. 追寻教育之源：对当前中小学劳动教育的审思 [D]. 贵阳：贵州师范大学，2018.

[3] 赵章彬. 劳动教育之劳动概念的特定内涵及其实践向度建构——以高等职业院校劳动教育为视角 [J]. 北京教育（高教），2020（7）：22-25.

向，要把握住历史发展的思想动态。

王毓珣❶认为，劳动教育是在特定的时空背景下进行的，教育方式主要是教育者向受教育者进行直接传授。教育内容主要包括教育者在劳动精神、劳动态度、劳动意识等方面的自身体验。

4.劳动教育的作用和价值研究

关于劳动教育的含义与必要性，杜文巧教授认为，劳动教育必须符合现代社会发展与学校教育目标的需要，通俗而言，一个人的社会性直接决定他的劳动属性。国家应为教育创设有助于学生全面发展的良好环境。马德表示，劳动教育要注重劳动教育与综合实践活动的目标相结合、与特色综合实践活动的内容相整合、与特色综合实践活动的组织形式相符合、与特色综合实践活动的评价相契合。欧国雄教授认为，应把社会主义劳动教育渗透到校园、家庭、社区，以促进中小学形成正确的三观，构建"五育"并重的教育体系，真正形成以劳育人的教育格局。陈琰分析了新时期劳动教育的内涵提出，对学生进行劳动教育不仅能够帮助学生树立正确的劳动态度和劳动价值观，还有助于其劳动素养的提升，进而保证其身心健康发展，促进其综合素质的提高。

唐志强认为，劳动教育的开展不仅可以帮助学生形成家庭劳动意识，而且可以依靠学校树立正确的劳动理念，实现劳动实践，感受丰富多彩的劳动体验。任兴瑞教授对劳动教育提出，首先，劳动教育作为一项实用性的教育，能够使教师在校园生活中给学生传达对待劳动的正确价值观；其次，劳动教育不但能够培育学生形成正确对待劳动的价值观与态度，还能够使其掌握必要的劳动技术；最后，可以协助学校形成整体的劳动氛围，并进行劳动社会实践。徐萍认为，劳动教育可以作为启蒙教育帮助低年级

---

❶ 王毓珣.对劳动教育列入教育构成的思考[J].中国德育，2015（16）：27-32.

小学生正确理解劳动的本质，形成正确的劳动意识和价值观，从而使其在劳动实践活动中获得更加丰富的体验。张珊认为，劳动教育能够满足小学的个性化发展需要，还可以培养学生把家务劳动作为其基本生活习惯，并且成为其社会责任感养成的重要途径。劳动能够促进小学生自主觉醒和自我发展。赵荣辉认为，劳动教育从新时期开始作为人类的一种最主要的生存方式，是确保人类得到自身生存的价值感与意义感、丰富个人的社会关系属性、实现审美人格的最有效途径，更重视其存在性的内在价值。具体来说，他主张劳动教育是确证自己的媒介，是个人获得自身存在的基本价值、实现自我承认、塑造自我意识的方式，有助于塑造个体人格、涵养个体公共理性。

白雪苹❶认为，劳动教育在优化我国的素质教育、弥补小学自然性特征缺失、贯通基础教育与中等和高等教育之间的衔接方面具有重要意义。李敏、高峰❷提出劳动具有综合育人功能，主张将劳动教育回归人的日常生活。

颜晓程和吕立杰❸从劳动教育对人的身体意蕴角度出发，提出小学生的身体成长和生命的充实都需要在劳动的作用下进行，劳动教育可以满足小学生的现实需要，也有益于小学生理性的发展和对身体认知的完善，丰富小学生的身体情感。

庞润宇❹认为，劳动教育是实施素质教育的重要内容，有利于培养学

---

❶ 白雪苹. 对当代中小学劳动教育缺失的"冷"思考[J]. 教学与管理，2014（13）：82-84.

❷ 李敏，高峰. 新时代的劳动教育属于生活[J]. 人民教育，2019（7）：49-52.

❸ 颜晓程，吕立杰. 劳动教育的身体意蕴及其省思——马克思主义哲学的视角[J]. 中国教育学刊，2020（3）：63-67.

❹ 庞润宇. 劳动教育对青少年素质教育的重要性[J]. 德育研究（西部素质教育），2016（2）：133.

生良好的道德素质，是实现青少年全面发展不可缺少的关键内容。冯颜利❶认为，劳动教育可以帮助人们树立正确的理想信念，有助于人们实现自身个性及个人全面能力的发展。

娄雨❷认为，劳动教育具有区别于政治、经济的独特"教育价值"。具体表现为劳动教育对小学生身体、心灵、技能等方面的全面培养，最终劳动教育指向小学生健康的生命力和幸福感的获得。

5.小学劳动教育问题研究

开展劳动教育面临的首要问题是社会普遍存在的劳动观念的淡化。檀传宝教授认为，中国劳动教育的现状受到学校劳动教育的弱化与异化的影响。同时，家庭劳动教育也没有起到积极的互补作用。分析产生这种现象的内在原因是人们多年来受到应试教育的负面影响从而对劳动教育产生了错误的认识。朱桃英认为家庭劳动教育的误区源于家长对孩子的不合理期望、错误的价值取向以及重智轻劳的教育思想和行为。何云峰、宗爱东等把当前劳动教育领域存在的问题归结为五点：第一，劳动教育未能形成全国总体发展的态势，未能上升到全国性高度；第二，对劳动教育概念的内涵外延没有做出明确规定，与各育间缺乏联结；第三，大、中、小学各阶段对于劳动教育课程标准的落实情况参差不齐；第四，劳动教育缺少灵魂，仅有丰富的内容和形式是远远不够的；第五，劳动教育活动主体内容大多单调，缺少新意。同时，学生的劳动认知能力、家长对劳动的态度以及学校管理的漏洞等都是劳动教育实践问题的影响因素。

赖慧玲❸认为，当前的劳动教育存在被"窄化"和"泛化"现象。容

---

❶ 冯颜利.为何要高度重视劳动与劳动教育[J].人民教育，2020（1）：13-14.

❷ 娄雨.什么是"劳动的独特育人价值"——论劳动之于"体、技、心"的教育意义[J].中国教育学刊，2020（8）：12-17.

❸ 赖慧玲.新时代的小学劳动教育[J].基础教育研究，2019（13）：11-13.

易将"劳"和"育"分离开,劳动教育的概念容易被窄化为做值日、做家务或是仅仅被当成思想政治课。徐海娇❶从劳动教育的手段出发,认为当前的劳动常常与限制学生自由、训诫学生的手段相等同,劳动教育的目的脱离了教育培养人的本质要求。王爽❷认为,首先,当前小学对劳动的认识不足。虽然小学对一定程度上的劳动知识有相关认知,但是对劳动技能的掌握程度并不高。其次,在校内外学生缺乏劳动实践的机会。此外,小学从事家务劳动的量较为缺乏。肖金良❸从劳动课程视角出发,认为当前劳动教育课程有被弱化的倾向,劳动教育课时安排不合理。

宋景文❹认为,当前的劳动教育依旧仅停留在理论上的"说教",没有深入学生的实际中,劳动教育的意义不深刻。同时,在劳技教师的配置上也具有一定的随意性和松散性。在实际实施过程中免不了有意或无意地弱化劳动教育地位。王飞和徐继存❺通过对东中西部六省的教育调查发现,当前学校开展的劳动教育主要以日常劳动为主,劳动内容缺乏系统性和技术性;学生劳动范围狭窄,学校缺乏劳动教育的组织性和引领性。此外,缺乏公共服务性的劳动形式。黄琦和屠明将❻认为,当前的中小学的

---

❶ 徐海娇. 劳动教育的价值危机及其出路探析 [J]. 国家教育行政学院学报,2018(10):22-28.

❷ 王爽. 当代小学劳动教育现状及问题研究——以大连市为例 [J]. 群文天地,2012(4):125-126.

❸ 肖金良. 综合实践活动课程框架下小学劳动与技术教育的现状及其思考 [J]. 新课程研究(基础教育),2010(6):126-128,130.

❹ 宋景文. 中小学劳动及劳动技术教育的困境及出路 [J]. 教学与管理,1995(1):11-13.

❺ 王飞,徐继存. 大中小学劳动教育实施现状的调查研究 [J]. 课程·教材·教法,2020,40(2):12-19.

❻ 黄琦,屠明将. 职业院校参与中小学劳动教育资源供给的思考 [J]. 教育与职业,2020(21):104-107.

劳动教育在资源供给、劳动教育价值认知、劳动教育政策落实等方面存在问题。具体包括劳动教育的价值在学校被低估，教育形式发生异化；劳动教育的学校资源短缺；劳动教育的政策衔接不到位等问题。

6.小学劳动教育策略研究

王冰玉❶针对小学劳动认识不足的现象，提出劳动教育要融入校园的实践策略。校园劳动人人参与并且可以适时开展劳动教育主题班会，树立劳动小榜样，帮助学生树立正确的劳动观念。陈林、卢德生❷认为，由于受到各个阶段学生不同的身心发展状态的影响，劳动教育也应该具有针对性，有组织地开展社会公益的劳动实践活动，并详细介绍了低、中、高段小学具体的实践活动主题。徐秀娟❸针对家庭劳动教育，提出要培养学生愿意做家务的兴趣以及学会做家务、坚持做家务的习惯，同时，教师和家长要联合起来，使家庭劳动教育渗透其中，培养学生的劳动观念。王连照❹提出了自己对劳动教育评价方面的看法。他认为，评价的内容一定要全面、公正，简单的对与错、赏与罚并不能准确地衡量每一位学生的劳动表现。教师应该多多关注学生内心劳动意义和情感体验。此外，要进行多元评价，扩充评价方式。王定华❺认为，在新时代，劳动教育要体现奋斗、创新、勤劳、奉献的时代特征，拓宽劳动教育的途径，将劳动认知与劳动情感、劳动意志等各教育环节相联结，在家庭和社会中培养学生良好的劳动习惯。此外，要落实劳动教育师资、场地、资金、评价的质量保障。

---

❶ 王冰玉. 小学劳动教育的培养路径探究 [J]. 内蒙古教育，2019（35）：122-123.

❷ 陈林，卢德生. 小学劳动教育的路径及保障 [J]. 教学与管理，2019（17）：11-13.

❸ 徐秀娟. 家务劳动——不可忽视的素质教育 [J]. 教学与管理，2008（29）：24-26.

❹ 王连照. 论劳动教育的特征与实施 [J]. 中国教育学刊，2016（7）：89-94.

❺ 王定华. 试论新时代劳动教育的意蕴与方略 [J]. 课程·教材·教法，2020，40（5）：4-10.

刘茂祥[1]认为，要落实新时期的劳动教育实践，首先要建立引导性的劳动教育评价系统体系。在此基础上，学校要明确劳动教育的素养内涵，把握"劳动精神"，开发学校特色的劳动课程，形成劳动教育教师培训体系。毕文健、顾建军[2]提出了"乐学教学"策略，认为要从学生的内心深处唤起学生的劳动兴趣，可以采用难度适中、新颖的劳动项目激发学生的劳动热情。此外，学校应将劳动内容与技术进步同步起来。许锋华、陈俊源[3]提出要跨学科进行劳动教育渗透，具体表现为要将劳动教育作为一条暗线，穿插在各学科中。他们指出学校不仅要在教学中进行劳动教育，而且要在自身的课程体系内进行劳动活动的设计，借"五育"之融合来促进劳动教育的新形态的发展。

专家学者剖析劳动教育领域存在问题的原因后提出要使劳动教育课真正落实到学校课堂上，离不开家庭、学校以及社会的配合与支持。教育部门应努力挖掘新资源、创造新途径，同时开发利用现有资源、变换新形式；学校应做到统筹规划劳动教育课时安排、在科学的组织管理中真正将劳动教育理念渗透到校园文化建设的方方面面。何欢认为，要解决现阶段劳动教育实施中存在的问题，要着力于三个方面：首先，学校要提高教师的劳动素养，培育劳动教育专职教师；其次，教育部门及研究者要加大力度创建更加完备的评价体系；最后，学校和社会要加强合作，校内外共同构建劳动实践基地。同时，家长作为孩子的启蒙老师要起到榜样示范作用，树

---

[1] 刘茂祥. 基于实践导引的中小学劳动教育评价研究[J]. 教育科学研究，2020（2）：18-23.

[2] 毕文健，顾建军. 乐学教学：让学生爱上劳动——新时代学校劳动教育策略研究[J]. 教育科学研究，2020（8）：11-17.

[3] 许锋华，陈俊源. 多学科渗透：中小学劳动教育新形态[EB/OL]. 广西师范大学学报（哲学社会科学版）：1-10[2021-03-08].http://kns.cnki.net/kcms/detail/45.1066.C.20210208.1600.006.html.

立正确的成才观，给孩子布置适当的家庭劳动任务，让其体验到家庭劳动的乐趣和好处。常保晶认为，家长和教师是学生的指路人，小学生思想不成熟、对劳动的认识不全面，需要大人的引导和帮助才能养成热爱劳动的好习惯。社会层面包括政府机关、各级教育部门应为劳动教育的开展做好后勤保障，提供设备与场地的同时也要积极搭建平台、创造机遇。戚梦蛟、陈建军等认为，劳动教育的物质条件保障可以依靠特色农业发展以及职业技术院校的内外联动，共同打造劳动教育实践基地。

7. 小学劳动素养的本质内涵研究

檀传宝认为，劳动素养是在劳动过程中通过实践和与人交往不断形成的，主要体现在思想观念、思维模式、实践能力等方面。在劳动中要发挥主动性，及时收集劳动内容，对劳动做出全面践行与思考，以乐观积极的心态对待劳动，励志成长为真正的劳动者。❶褚宏启认为，劳动素养是在与职业相关的背景下进行技术操作所培养的品质，将未来职业要求折射到当前小学的培养目标，完成对小学当下的全面发展与未来期望。劳动素养体现在三方面，分别是实践、思考与情怀。首先，小学生要动手操作；其次，要认真思考过程；最后，要保持对劳动的热爱。❷龚春燕、魏文锋、程艳霞认为，在现代化科技发达的当今时代，社会对劳动者的要求逐渐提高。劳动不再是单一的手工业与农业等简单劳动，而是需要劳动者手脑并用，利用现代科技提高生产力，推动经济文化多方面发展。他们认为，劳动能力的体现包含多种要素，不仅需要个体完成系列活动，还需要社会发展做出反馈。另外，还需要社会上的劳动者具备正确的劳动观念，赋予劳动尊重与热爱，在劳动中感受光荣与崇高，在实践与体验中追求幸福，努

---

❶ 檀传宝. 劳动教育的概念理解——如何认识劳动教育概念的基本内涵与基本特征[J]. 中国教育学刊，2019（2）:82-84.

❷ 褚宏启.21世纪劳动教育要有更高立意和站位[J]. 中小学管理，2019（9）:61.

力成为坚持奋斗的终身劳动者。❶

顾建军认为，劳动素养是小学生在系统的劳动教育中通过参与劳动、动手操作、反复思考、不断探索形成的，主要对小学生的精神面貌、价值观念、能力水平等产生影响。此外，劳动素养主要体现在小学生的日常生活与校园生活中，小学生在家庭、学校、社会、社区等场所的劳动表现均反映出小学生的劳动素养。❷羌毅、姜乐军认为，劳动素养是通过在劳动过程中与劳动同伴交流沟通、合作探究形成的，与人际交往密不可分，所以，劳动素养本身能够体现出人文情怀。他们将劳动素养分为两个层面，即宏观层面与微观层面。宏观层面是指"劳动价值观"，其中涉及的内容有劳动态度、劳动理念等；微观层面是指劳动习惯、劳动知识等，所以，具备劳动素养的人对于劳动内容拥有更深层和更广泛的感知。❸

8. 小学劳动素养评价的现状研究

冀晓萍认为，由于劳动教育评价尚未完善与实施，劳动教育一直处于松散的状态，未受到应有的重视，劳动教育课甚至直接被其他科目占用，这些都导致劳动教育课程长期被忽视。倘若有科学完整的评价体系进行督促，劳动教育必然会逐渐回归到大众视野。❹根据浙江省教研室的调查显示，浙江省中小学对于中小学劳动教育已经非常重视，不仅提供资金支持，还对教育机制进行完善。但从调查结果分析，实然状况与应然期望仍存在差异。尤其是对于中学生劳动教育的评价，主要存在三个问题，首先，实施方面，虽然许多学校都有劳动评估标准，但真正开展评价的学校

---

❶ 龚春燕，魏文锋，程艳霞.劳动素养：新时代人才必备素养[J].中小学管理，2020（4）:9-11.

❷ 顾建军.加快建构新时代劳动素养评价体系[J].人民教育，2020（8）:19-22.

❸ 羌毅，姜乐军.新时代我国职业院校劳动素养评价[J].教育与职业，2021（4）:55-59.

❹ 冀晓萍.劳动教育将全面突围[J].人民教育，2015（17）:30-33.

少之又少；其次，城乡差异，对比城市地区的学校与农村地区的学校，农村地区的学校对劳动教育的资源保障与评价监督的实施远不及城市地区的学校；最后，渠道堵塞，学校的文件传递和实施渠道不够顺畅，从而导致学校对政策的了解存在滞后性。❶

陈理宣、刘炎欣通过调查发现，中小学劳动教育评价的困境在于缺乏完善体系，因此，为保证中小学劳动教育评价有效实施，需要研究者对劳动教育评价体系进行实质性建构。❷郝志军、王艺蓉认为，劳动教育的发展之所以处于缓慢状态，是因为在学校中劳动教育评价没有真正得到实施，所以不能及时发现问题，更无法有效解决问题和促进发展。❸王泉泉、刘霞、陈子循、王晖、刘金梦、李金文认为，若要构建科学有效的劳动教育评估体系，需要研究者对劳动教育进行深层剖析，以广义的视角扩充评价维度，在实现合理建构的基础上突破创新。❹王倩、纪德奎认为，劳动教育评价问题主要体现在态度和方法两个方面。态度上，存在不够重视的问题，将劳动教育评价归置边缘逐渐成为常态，变成学校、家庭、社会共同默认的行为；方法上，存在形式化、表面化的弊端，没有根据小学生的发展特点实施评价，也没有跟随小学生的成长轨迹进行过程性评价，仅将偶尔发现的行为作为小学劳动素养的衡量因素，由此造成评价结果的单一

---

❶ 浙江省教研室.劳动教育的现状、问题和建议——2019年浙江省中小学劳动教育调研报告[J].人民教育，2020（1）:15-19.

❷ 陈理宣，刘炎欣.劳动教育与德智体美教育的基础关联和价值彰显[J].中国教育学刊，2017（11）:65-68.

❸ 郝志军，王艺蓉.70年来我国中小学劳动教育政策的反思与改进建议[J].西北师大学报（社会科学版），2020（5）:124-130.

❹ 王泉泉，刘霞，陈子循，等.核心素养视域下劳动素养的内涵与结构[J].北京师范大学学报（社会科学版），2021（2）:37-42.

与狭义。❶

9.小学劳动素养评价的应然需求研究

陈理宣、刘炎欣认为,在新时代背景下构建小学劳动教育评价要做到两点,首先,响应时代号召,以培养社会主义建设者和接班人为基本,以未来发展需要为方向,充分发挥评价的引领作用;其次,内容符合小学生发展规律,小学生身心发展规律是小学劳动教育评价的客观依据,在规律中挖掘小学生所需、所要、所达。❷张熙、袁玉芝、李海波认为,科学合理的劳动教育评价体系需要把握两个方面,首先,系统完善,完整的劳动教育评价体系有利于全面实施与开展。教学前期、教学中期、教学后期均需构建相应的评价措施。其次,顾及个人,由于被评价者不是所有时间都在评价者的视线内,需要为被评价者构建自我评价体系,这样有利于被评价者自我了解与提升。❸

刘茂祥认为,小学劳动教育评价的构建需要考虑两方面,于评价本身而言,要层层递进,处理好多元关系,社会、学校、家庭三方对小学生劳动素养的要求要明晰;于小学生而言,要抓住小学生的关键期进行针对性评价,评价内容、评价标准、评价方式均需考虑小学生的特点。❹龚春燕、魏文锋、程艳霞认为,构建劳动素养评价的关键是为劳动素养开放评价平台,使家庭、学校、社会共同收集小学生的劳动实践信息,为小学生创造

---

❶ 王倩,纪德奎.中小学课堂教学中劳动素养培育的困境与路径探析[J].当代教育论坛,2021(8):44-46.

❷ 陈理宣,刘炎欣.劳动教育与德智体美教育的基础关联和价值彰显[J].中国教育学刊,2017(11):65-68.

❸ 张熙,袁玉芝,李海波.劳动教育的国际经验及其启示[J].教学与管理,2019(4):56-58.

❹ 刘茂祥.基于实践导引的中小学劳动教育评价研究[J].教育科学研究,2020(2):18-23.

劳动的大环境，使劳动融入小学生的成长，充分利用劳动资源，从而有效评价小学生的劳动素养。❶

顾建军认为，劳动教育评价需要具备导向功能，根据社会需要，在劳动教育评价中指导小学生的道德行为、劳动信念、理想追求，充分利用评价的指导功能，促进小学生成长为社会的未来建设者。新时期背景下劳动教育逐渐被关注，因此劳动教育评价体系的构建刻不容缓。❷张随学认为，劳动教育评价需要考虑两方面，一方面是对教师教学的评价，另一方面是对学生的评价。对教师教学的评价体现在在教学前期评价准备工作的程度，在教学中期即教学过程中评价教学目标的完成度，在教学后期评价教师对劳动教学的反思情况。对学生的评价体现在在学习前期评价对于劳动知识的预习程度，在学习中期即学习过程中评价学习目标的完成度，在学习后期评价学生对劳动内容的反思情况。❸范卿泽、赵文朝认为，对于劳动教育评价，不应该只停留在提出阶段，而是要真正落实，教育部门要加强对劳动教育评价的管控，督促学校切实完成劳动教育评价，学校领导者也要对教师进行监督，避免劳动教育评价的形式化，要真正贯彻落实劳动教育评价，促进劳动教育的发展，培养小学生的劳动素养。❹王倩、纪德奎认为，劳动素养评价体系应该具备三个特点，首先，评价内容要全面；其次，评价系统要完整；最后，评价时间要长期，符合全面性、完整性、

---

❶ 龚春燕，魏文锋，程艳霞. 劳动素养：新时代人才必备素养 [J]. 中小学管理，2020（4）:9-11.

❷ 顾建军. 加快建构新时代劳动素养评价体系 [J]. 人民教育，2020（8）:19-22.

❸ 张随学. 小学劳动教育的实施途径 [J]. 教学与管理，2019（9）:13-15.

❹ 范卿泽，赵文朝. 劳动教育的时代价值、发展经验与实践策略 [J]. 人民教育，2020（19）:44-46.

长期性特点。❶

10. 小学劳动素养评价的内容研究

王连照认为，小学劳动素养评价需要考虑小学生的全面发展，通过培养发展目标制定评价指标体系，以达到全面性评价。因此，他提出小学劳动素养评价内容主要包括劳动道德、劳动智慧、劳动体力、劳动观念等方面。❷ 张随学主要从实践方面对小学劳动素养评价作出思考，在实践中对小学生进行操作效率评价、熟练程度评价、劳动态度评价、实践结果评价，并进行详细记录与存档。❸

李志辉、王纬虹认为，通过劳动实践活动能够反映小学生的劳动素养，在活动中选择不同维度进行评价，对小学生进行评价的维度是对小学生的参与度和获得感进行评价，参与度能够体现小学生的劳动意识和劳动能力，获得感能够体现小学生的劳动价值观和劳动情感。❹ 张勤认为，小学劳动素养评价内容应该做到科学合理，主要体现在符合小学生的身心发展规律，对低学段小学生的劳动情感、劳动意识进行评价，对高学段小学生多注重劳动能力、劳动创造的评价。❺

11. 小学劳动素养评价的方式方法研究

王连照认为，小学劳动素养评价方法要符合小学生的特点，小学生是发展中的人，且处于发展的关键期，小学劳动素养评价不能对其进行简单粗略的评估，要做到细致化和有针对性，采取定量评价得到数据进行分

---

❶ 王倩，纪德奎. 中小学课堂教学中劳动素养培育的困境与路径探析[J]. 当代教育论坛，2021（8）：44-46.

❷ 王连照. 论劳动教育的特征与实施[J]. 中国教育学刊，2016（7）：89-94.

❸ 张随学. 小学劳动教育的实施途径[J]. 教学与管理，2019（9）：13-15.

❹ 李志辉，王纬虹. 中小学劳动教育实践活动的设计与实施[J]，教学与管理，2020（8）：21-23.

❺ 张勤. 核心素养背景下中小学劳动教育初探[J]. 中学政治教学参考，2020（9）：6-7.

析，得到直观的评价结果，再采取定性评价进行文字描述，得到详细的评价结果。为实现评价的多元与全面，采取多主体进行评价，并将评价结果记录在册。❶ 顾建军认为，劳动素养评价应该在过程中完成，采取发展性评价和形成性评价，在过程中观察小学生的行为状态，通过记录小学生的交流频率、劳动状态、合作态度等对小学生劳动素养进行评价。

张勤认为，小学生具有个体差异性，因此劳动素养评价既要满足群体普遍性，也要注意个体差异性；既要采取客观的评价方法，以达到评价的准确性，又要融入主观评价，使评价更具针对性。此外，需要通过定量评价与定性评价相结合的方法促进评价的科学与合理。需要注意的是，小学劳动素养评价不仅实现对小学生劳动素养的衡量，更是对小学生劳动素养的培养与促进，所以在评价中要注重有效的反馈与督促，强调评价与反馈的双重输出，加大对小学生劳动素养的评价力度。❷ 王泉泉、刘霞、陈子循、王晖、刘金梦、李金文提出，要重视过程性评价，评估创新成果。过程性评价指的是教师以长远的眼光看待学生的劳动行为，不拘泥于眼前的某个行为，而是通过长期的观察，发现小学生的常态思想和常态行为，以此作为衡量小学生劳动素养的标准，同时注重创新性评价，主要体现在对学生创造力的情况进行反馈。通过观察学生的创新能力，对其进行未来职业规划，向其擅长的方向靠拢并进行培养。劳动理念符合新时期劳动背景，劳动方法区别于传统旧方法，劳动结果能够凸显新思维。根据学生年龄特征、使用工具、小组结构对其进行过程性与创新性评价。❸

顾建军、毕文健提出小学劳动素养评价主要注意两方面，分别是多元

---

❶ 王连照.论劳动教育的特征与实施[J].中国教育学刊，2016（7）:89-94.

❷ 张勤.核心素养背景下中小学劳动教育初探[J].中学政治教学参考，2020（9）:6-7.

❸ 王泉泉，刘霞，陈子循，等.核心素养视域下劳动素养的内涵与结构[J].北京师范大学学报（社会科学版），2021（2）:37-42.

与综合。多元评价体现在主体多元、方法多元、目标多元。主体评价与客体评价相结合,采取定量方法和定性方法,满足小学生的进步需求,实现小学生在劳动素养方面的全面提升,从而为小学生未来建设打下良好的基础。综合评价体现在对小学生的综合表现进行全方位观察,包括自我劳动情绪、与人合作状态、劳动素养的后期变化等。在多元与综合评价中记录小学生的成长变化,促进小学生劳动素养的发展。❶

12. 小学劳动素养评价的指标体系研究

陈云龙、吴艳玲认为,小学劳动素养指标体系要具有全面性,既对实然做出评价标准,也对应然提出方向与要求;既对小学生的内在意识与情感提出要求,又对外在行为与能力做出评价;既对当下需要提出标准,也适当对未来做出展望。在全面性评价的同时要注重真实性,力求做到科学合理。❷徐雪平建议对小学劳动素养评价指标进行优化,主要包含两方面,一方面注重学生本身,要以小学生特点为主要依据对小学劳动素养评价指标进行构建,小学生的身心发展规律是依据的中心内容,保证小学劳动素养评价体系的有效性和科学性;另一方面完善奖惩机制,对评价结果进行应用,在结果分析中对小学生的劳动素养进行衡量,表现优异的小学生会得到奖励,而表现不佳的小学生会采取措施促其进步。所以,该指标体系首先注重以人为本,其次方法得当,能够在评价中良好促进小学生的劳动发展。❸

刘茂祥认为,小学劳动素养评价的重点评价内容是劳动能力,新时期

---

❶ 顾建军,毕文健. 刍议新时代劳动教育课程的一体化设计 [J]. 人民教育,2019(10):11-17.

❷ 陈云龙,吴艳玲. 构建新时代劳动教育与课程体系 [J]. 基础教育课程,2020(4):6-10.

❸ 徐雪平. 学校劳动文化培育的价值与策略 [J]. 教学与管理,2021(5):18-20.

背景下对于小学劳动素养评价是基于实践导向，对劳动能力进行衡量。劳动能力主要包含实践能力、操作能力、创造能力等。对劳动能力的评价可以通过小学生在实践中的各方面表现进行展开，比如劳动时间、劳动效率、劳动创新等。❶ 羌毅、姜乐军认为，评估劳动教育的关键是建立以劳动能力评估为核心的指标体系。根据劳动能力阶段的内涵，其评价要素应包括与劳动相关的思想与内容，思维与习惯等。❷

13. 小学劳动教育课程构建基本问题研究

为了促进学生身心健康发展，当务之急是完善学校劳动教育系统。卓晴君研究了我国小学劳动教育课程体系的演变，将其划分为三个时期，并对各时期劳动教育在目的、内容、形式以及保障方面的差异加以区分，阐述了每个阶段所开展的劳动教育课程的特点以及值得借鉴之处。总结提出，整个社会要转变劳动观念，教育者要提高自身素质为学生作表率，同时引导学生在日常积极参与劳动，将理论知识运用于实践加以深化，从而增强学生的劳动素养，构建新时代劳动教育课程体系。宁本涛教授认为，中国劳动教育制度重建的关键在于弄清什么是劳动教育、劳动教育是为了什么以及劳动教育从何处来的问题，这是前提。

赵建芬从《关于全面加强新时代大中小学劳动教育的意见》切入，结合马克思主义基本原理，对新时期新阶段劳动内涵的更新变化加以总结论述，同时提出现阶段作为受教育者的学生表现出劳动认知缺乏、劳动能力薄弱等问题源于整个社会对素质教育的理解偏差以及受传统儒家思想"学优登仕"的束缚。未来劳动教育体系的建构离不开学生、家长、教师、学校以及社会各领域的协同配合。陈云龙、吴艳玲共同主张要想使学生全面

---

❶ 刘茂祥. 基于实践导引的中小学劳动教育评价研究 [J]. 教育科学研究，2020（2）:18-23.

❷ 羌毅，姜乐军. 新时代我国职业院校劳动素养评价 [J]. 教育与职业，2021（4）:55-59.

协调发展,必须解决劳动教育课程体系建构的若干问题,开齐课程、开足课时,以期学生接受劳动教育后能够提高各方面素养,加强综合素质的提升。钟绍英选择以"四维劳动教育"为出发点加以研究,提出劳动教育课程应能够培养学生正确的劳动观念、锻炼动手劳动能力、形成规范的劳动习惯以及具有奉献的劳动精神,这样的课程才是有生命活力的,才有利于激发学生各方面潜能。

(二)国外研究综述

1.劳动教育思想研究

苏霍姆林斯基强调劳动教育是一种创造性活动,他更注重的是当脑力和动手能力相结合时对小学生产生的作用。在他看来,这种劳动对小学生的影响是多方面的,主要表现在对小学生思维、理解等认知能力的培养。"手与大自然和社会劳动的相互作用越能深入孩子的精神生活,孩子的活动就越富有观察力、钻研精神、洞察力、专注精神和研究能力。"❶ 马卡连柯提出要把学校当作劳动教育的重要场所,在学校教育过程中提倡一种前景教育和平行教育。俄国教育思想家乌申斯基承认劳动在维持社会政治生活和促进人类个体发展方面的作用。同时,他强调劳动是自由而严肃的,这种劳动可以使人们实现自由、健康、充实的生活。卢梭认为,教育是具有自然性的,劳动教育的主要目的是顺应人的发展,最终培养身体和心灵都健康完满的自然人。杜威提出了劳动与人的休闲相结合的概念,在劳动教育过程中要注意情感的培养,同时,在进行休闲教育时也要注重劳动技能的训练,不能忽视其中任意一方。凯兴斯泰纳提出要在学校实施劳动教育的原则,而且应当把劳动纳入学校课程。他认为,劳动可以塑造学生人格,培养学生的集体能力和职业决定能力。

---

❶ 王天一.苏霍姆林斯基教育理论体系[M].北京:人民教育出版社,1992.

苏霍姆林斯基认为，劳动是推动人全面发展的动力，劳动为德育提供实践平台，为智育提供方法手段，为美育提供升华可能，为体育训练提供机会。在劳动中，学生对时间与空间均有自由支配的权利，劳动促进学生综合表现的全面提升，所以，劳动将全面发展的可能性变为现实，是学生走向未来的重要基石。❶ 可见，劳动在人的德、智、体、美全面发展中的作用得到了苏霍姆林斯基的高度赞赏和肯定。苏霍姆林斯基的劳动教育理念给我国小学劳动教育带来了巨大的启示，小学生作为年轻一代，应该具备相应的劳动素养，并且要不断对其进行丰富，以"劳动"带动其他领域的发展，促使小学生在劳动中实现全面发展。

马卡连柯认为，劳动具有创造性，学生应该在劳动中学会创造，不仅能够运用常规的传统方法进行劳动，还能够在劳动中不断更新，发现新的劳动方法，在这样的创造中逐渐丰富自己的劳动认知，发挥对劳动的主观能动性。此外，马卡连柯一直强调劳动对人类精神文明的重要性。人类社会的发展离不开劳动教育，只有在劳动教育中才能够真正实现知识与生产力的统一，在不断生产中进行发展，促进经济、文化、科技等的推动。同时，劳动亦为人类提供快乐，是人类在创造中的快乐源泉，通过劳动为人类提供乐观的精神平台，促进人类健康发展。所以，马卡连柯的观点主要针对的是劳动情感和劳动能力，使人类在快乐的精神世界中体会劳动带来的有益成果。另外，人类在劳动中不断创造、更新自己的劳动理念和生活观念，在这样的更新中逐渐体会劳动带来的益处。❷ 因此，在小学劳动教育中既要注重学生精神层面的状态，还要关注是否通过劳动实现了对小学生创造力的培养。

---

❶ B.A.苏霍姆林斯基.帕夫雷什中学[M].赵玮，等.译.北京：教育科学出版社，1983.

❷ 吴式颖.马卡连柯教育文集（下卷）[M].北京：人民教育出版社，2016.

杜威提出自由的劳动教育理念，他认为，劳动应该在自由的状态下进行，但是又不同于无目的的休闲，他将休闲与劳动进行了对比。虽然休闲与劳动都有自由的意味，但是休闲不像劳动一样带来具有针对性的目标结果，休闲可以作为劳动之后的一种放空的体验。❶杜威在对休闲与劳动的辨析中，凸显劳动的自由成分也是有价值的。就像他提出教育无目的论，指的不是完全没有目的，而是有具体的目的。所以，劳动不是完全的自由，而是有目的的自由。此外，杜威的"从做中学"理论也体现他认为劳动应该在实践中不断学习，不断提升自我，促进学生的全面发展。❷

谢恩卡在其著作中阐述了合作劳动对小学生发展的重要性，凸显小学生与同伴交往的关键。❸冈察洛夫在其著作中阐述劳动教育对美育的影响，劳动对学生审美具有升华与渲染作用。❹有学者对小学生劳动素质教育的四方面进行了概括：劳动教育主要包括以劳动教育的目标作为指导；以劳动教育的内容作为导向；劳动教育要在家庭中有所涉及，以实现家庭与学校的合作；劳动教育要与校外工作进行融合，为学生未来职业发展做铺垫。❺

---

❶ 约翰·杜威. 民主主义与教育 [M]. 王承绪，译. 北京：人民教育出版社，1990.

❷ 约翰·杜威. 民主主义与教育 [M]. 王承绪，译. 北京：人民教育出版社，1990.

❸ O. A. Chernik. The School and the Collective Farm in the Labor Education and Vocational Guidance of Pupils [J]. *Russian Education and Society*, 1975（9）:56–71.

❹ I. F. Goncharov. Labor as a Factor in the Esthetic Education of School Pupils [J]. *Soviet Education*, 1980（5）:18–30.

❺ The Labor Education of Pupils In School [J]. *Russian Education and Society*, 1980（11）:25–29.

2.劳动教育实施情况研究

谢恩卡（O.A.Chernik）[1]在《学校和集体农场中的劳动教育和小学的职业指导》中提到了苏联的劳动教育主要以集体劳动的形式进行，劳动地点不局限于学校，劳动活动多在集体农场组织进行。以集体为单位让学生参与社会劳动，培养学生劳动的自豪感，同时为农村中小学从事生产劳动进行职业指导。白云直彦、玛丽·图奥和泰根·海露（Ermias Shirko Otaye, Mary Thuo, Tegegn Hailu）[2]在《埃塞俄比亚沃莱塔地区童工与学生参与小学教育》一文中对学校小学生的工作类型进行了调查，详细介绍了小学生进行劳动工作的原因、地点及具体形式。哈萨克维奇（V.M.Kazakevich）[3]在《劳动学生技术培训的现状与展望》中介绍了当前对学生进行劳动技术培训的一些问题，并在增加培训基地、进行教师培训及提供保障机制等方面提出了建议。还有学者在《小学的劳动教育》[4]中强调了劳动教育对人的全面发展的重要作用，并介绍了劳动教育的目标、内容和任务，提出要重视在家庭中、在教学过程中、在校外开展劳动教育。路易斯·格雷和乔伊斯·科恩布鲁（LS Gray, J Kornbluh）[5]在《劳动教育的新方向》一文中提出了对美国劳动教育调查的要点和劳动教育的新趋势，文中提到劳动教育所

---

[1] O.A.Chernik. The School and the Collective Farm in the Labor Education And Vocational Guidance of Pupils[J]. *Russian Education and Society*, 1975（9）: 56–71.

[2] Ermias Shirko Otaye, Mary Thuo, Tegegn Hailu.Child Labor and Students' Participation in Primary School Education in Wolaita Zone, Ethiopia[J].*Asian Journal of Education and Social Studies*, 2018: 1–12.

[3] V.M.Kazakevich.The Present State and Prospects of the Technological Training of Students for Labor[J].*Russian Education and Society*, 2002, 44（12）: 31–45.

[4] The Labor Education of Pupils in School[J]. *Russian Education and Society*, 2014, 22（11–12）: 11–29.

[5] LS Gray,J Kornbluh.New Directions in Labor Education[J].*Industrial Relations Research*, 1991.

服务范围变大,并且参与劳教的年轻群体不断增加。

3. 小学劳动教育研究

罗伯特·欧文采取的是手脑并用的方式,它不仅注重手的操作,还注重脑的思考,在手脑并用中促进学生劳动能力的提升,为学生的全面发展做准备。在这样的准备下,中学生能够提升劳动素养。欧文提倡学生在十岁以后要做到手脑并用,首先学生通过动手操作能够将隐性知识转化为显性操作,在操作中不断更新自己对劳动的认知。其次,学生通过思考能够促进劳动的创造能力,实现多元进步,全面提高。由此可知,欧文的思想是非常活跃与先进的,适用于当前社会的发展。❶

卢梭非常注重劳动,他的劳动理念是十分先进的。他认为,应该培养通过劳动使自己受益的自然人,同时提倡应该体脑并用,在亲身实践中能够不断更新自己的劳动认知,摒弃劳动旧观念、旧理念,在不断操作与实践中增加劳动技能,丰富自己的劳动理念,发展成为真正的劳动者。卢梭提倡小学生应该亲身实践,小学生是发展的人,只有在实践中才能够切实感受到劳动给他们带来的作用与价值,使小学生在劳动中不断思考,不断超越。❷ 因此,卢梭对于小学生的劳动教育理念在于体脑并用,他超越劳动本身关注到了小学生的全面发展,这对于我国小学劳动教育的实施有很大启迪,不仅要关注小学生做了什么,还要及时了解小学生想了什么,促使其思路跟上行动,达到体脑共同发展的目的。

裴斯泰洛齐认为,劳动是人谋生的路径,劳动能够帮助贫困人群获得生存。因此,他将劳动教育讲授给贫困小学生或贫困人民,意图帮助他们学会谋生,找到生存的方式,学会如何生存。他还将劳动教育与心理学相

---

❶ 曾天山,顾建军.劳动教育论[M].北京:教育科学出版社,2020.

❷ 让·雅克·卢梭.爱弥儿[M].彭正梅,译.上海:上海人民出版社,1993.

结合，使劳动教育实现教育心理学化，主要体现在通过小学生的心理或身心发展规律制订教育计划。另外，裴斯泰洛齐还认为，劳动教育应该促进学生成为具有道德思想、劳动知识、健康体魄、高级审美的全人，劳动是全面发展的综合体现。所以，裴斯泰洛齐的劳动教育思想，既有先进性，又有局限性。劳动、教育不仅是谋生的路径，更是使人成为人的一种体现，在劳动中不断思考，不断进步，不断提升。❶

4.小学劳动教育课程开设研究

美国的小学劳动教育课程的内容是十分广泛的。通过调查可知，美国各个地方的课程内容是不同的，有些地方注重手工、农业这样的简单劳动，随着社会的发展，有些地方开始注重复杂的工业技术。英国的小学劳动教育课程包含多方面，但是通过调查研究发现，大部分学生都会选择学习厨艺。无论是小学还是中学，学习厨艺的学生占到三分之一以上，甚至达到二分之一。加拿大的小学劳动教育课程的内容主要是简单工艺，男生和女生在内容选择上会有所不同，女生偏向于服务类，男生偏向于手工类。其中，农村学生与城市学生依然有所不同，农村学生更偏向于园林艺术。法国的小学劳动教育课程更注重对科学的研究，在探索中完成对学生的培养。德国的小学劳动教育课程内容更注重手工制作和家务活动，使学生注重手脑并用，并且要求学生在家庭中也能够贯彻自己的劳动行为。日本的小学劳动教育课程内容主要与学生的生活有联系，以传统的劳动为重点。俄罗斯的小学劳动教育课程内容主要为学习工艺技术。新西兰的小学劳动教育课程内容主要为编织与创造，更多注重手工制作。印度的小学劳动教育课程分为两个学段，低学段小学更注重对工具的使用，高学段小学

---

❶ 布律迈尔.裴斯泰洛齐选集（第2卷）[M].尹德新，译.北京：教育科学出版社，1994.

更注重对环境的作用,比如打扫和设计。所以,每个国家都有各自不同的教育内容,主要根据各个国家的制度和国情,越发达的国家,对劳动的要求越高。大部分国家都注重手工制作和艺术。这说明人类是从简单工具开始劳动的,随着社会的不断发展而日益复杂化,在这种更新中逐渐促进人类与社会的共同发展。

5. 小学劳动教育评价研究

德国的劳动课堂教学考核方式,一般有笔试、口试、实验与演示等。例如在德国北威州,对劳动教师的评估需要家政课、经济课和技能课一起参评,取其平均值为劳动授课学科的业绩,不设笔试,主要以上课业绩、教师劳动积极性等为评判依据。课堂教学业绩有具体的评价标准,分为口语表达百分之三十(课堂教学内表达踊跃,解答提问准确,示范报告)与书面形式表达百分之三十(课堂教学笔录、学习、日记等),动笔能力百分之四十。黑森州劳动教育包括五个过程:制定具体的教学目标、获取实用的资讯、实施规划、决议与实施计划、评价等过程,并建立了相对健全的评估与反馈制度。❶

英国的烹饪课也设置了补考、重修,考试成绩不合格的初中生将不允许毕业,并要求所有初中生在毕业之前都必须学习八道食谱与营养搭配,以确保学生饮食卫生,劳动教育不是简单的娱乐,而是要落到实处。❷ 芬兰劳动教育评价采用档案袋评估方法。在学习与实践的过程中记录小学生

---

❶ Hessisches Kultusministerium. Lehrplan Arbeitslehre Realschule[EB/OL].(2013–10–14)[2021–04–10].https://kultusministerium.hessen.de/sites/default/files/HKM/lpreal_arbeitslehre.pdf.

❷ Department for Education–GOV.UK.The national curriculum in England Framework document [EB/OL].(2014–12–01)[2021–04–10].https://assets.publishing.service.gov.uk/government/uploads/system/uploads/attachment_data/file/381344/Master_final_national_curriculum_28_Nov.pdf.

的劳动成果，通过在持续过程中对小学生进行科学合理的多元评价，利用信息技术保存对小学生的评价反馈。❶日本高校会积极评价学生的长处与进步，使其更加强烈体会到掌握专业知识的意义与作用。学校从确定学生学业状态并达成课程目标的出发点考虑，由学校提供评估环境和手段，考虑到学生的精神状态和身体状况，会对劳动进行适当调节，以促进学生身体健康发展，在劳动中选择适当的评价手段对其进行评价。在日本学校，劳动教育评估通常由学校学生自评、学校同学间的互相评议和由教师给学校评语三部分组成。❷

（三）研究述评

纵观国内外的相关研究，可以看出有关劳动教育的研究逐渐增多，劳动教育问题逐渐成为社会热点问题。从国内的研究情况看，相关学者对劳动教育的基本问题进行了大量探讨，内容涵盖了劳动教育的概念、实施现状、问题及解决对策等方面，同时包括对劳动教育的一些实证研究。劳动教育研究的内容也随着时代的更迭而增添了许多新的维度。从国外研究情况看，学者比较多地探讨了国外劳动教育实施的模式及课程设置等方面的问题，可以说，为我国当前的劳动教育实施提供了一些参考。但总体来看，在研究对象上，有关小学劳动教育的研究还远远不足，且多以某一具体的学校或地方为例，缺乏代表性。从整体上看，针对小学的劳动教育研究缺乏系统性，对于劳动教育现状的原因分析不够深入，许多研究的文献大多侧重于实践倾向，理论研究比较欠缺。

---

❶ FNBE. National Core Curriculum for Basic Education 2014[M]. Helsinki:Finnish National Agency for Education，2016.

❷ 筒井,美紀.人生をゆったりとのぼっていくために：日本におけるキャリアラダーの構築と労働教育の接点（特集働くことを学ぶ）[J].部落解放,2015:26–33.

梳理国内外研究，能够发现随着劳动教育研究的深入，劳动素养相关研究逐渐增多。劳动素养是人实现全面发展需要具备的基础素养，应对其进行广度与深度研究。通过对小学劳动素养评价涵盖的各个层面进行分析，将相关文献进行梳理发现，目前关于劳动素养评价的研究中，国内对劳动素养的本质内涵、评价的应然需求、评价的方式方法涉及相对较多，但是系统全面分析劳动素养评价的内容范畴、指标体系与实施路径均比较缺乏。尤其是作为小学劳动素养评价核心的指标体系，研究基本只在理论基础上简单列出指标要点，只能对小学劳动素养评价提供表面的参照，并不能从深度和广度两个维度评价小学劳动素养，并且若将设定指标进行实施与推广，还需要在初步测试与长期观察中确定是否可行，在评价方面仍然有很长的路要走。

国外对于劳动教育的研究比较全面，主要包括四个方面，首先，注重体脑并用，促使小学生成长为完整的个体。其次，与德、智、体、美相结合，实现小学生的全面发展。再次，注重创造力的培养，超越劳动本身并学会在劳动中进行创造。最后，提倡劳动自由，避免将"休闲"与"劳动"形成对立。国外的小学劳动教育评价体系比较完善。德国的劳动教育评价包括笔试、口试、实践和展示。芬兰采取档案袋评估方法，并进行主观评价与客观评价。日本的劳动教育不仅要采取他人评价，还需要进行自我评价，在详细的计划中实现了评价的多主体性。此外，德国和英国还将劳动教育课程成绩纳入升学标准，这些对我国小学劳动教育都有很大的借鉴作用。在理论层面为我国劳动教育关于劳动素养的培养提供合理的思路，在实践层面提供完善的操作方法，十分具有借鉴意义。从整体上看，我国在小学劳动教育的研究方面缺乏系统性，对于小学劳动教育的分析不够深入，大多研究文献侧重理论倾向，比较欠缺实践研究，国外在研究内容上还需要进一步进行细化分析与深入探索。因此，建构科学化、讲实效的小学劳动教育理论与实践体系还有很大的拓展空间，值得深入探究。

四、概念界定

（一）劳动

词源学上对于劳动的定义可以追溯到两个阿拉丁词根：labor（意大利语和英语）与 tripalus 或 tribulum（法语、西班牙语、葡萄牙语，就是 trabajo、travail 等词，是指麦子脱粒劳动）。它表达了两个概念：主观的劳动是一种精神上的劳动（labor）；而在客观上，它意味着对物质客体的改造（travail）。❶ 因此，从这一概念上看，劳动包括对身体和精神的双重改造。此外，阿伦特在《人的条件》一书中，把"劳动"（labor）放在"积极生活"（vita activa）的概念框架中进行界定。她认为，劳动与人的生命相对应，并因此产生了劳动的两大任务：维持人的生命和维护世界。❷

在漫长的人类发展史上，人们不断探索和更新对劳动的认知和理解。孔子时代，有"劳心者治人，劳力者治于人"的思想，把"体""脑"分离，提出了劳动的两种形式，在潜意识里贬低了体力劳动。孟子提出了劳动分工的观点，并批判了平均主义的劳动观。而在西方，按照基督教的观点，劳动最初被当作惩罚的手段，同时作为一种强制性的苦难活动，劳动在当时不被尊重，甚至被人们抵制。这种情况一直持续到新教的诞生，人们才对劳动的看法有所改观，承认劳动对生活有积极作用。

---

❶ 康波斯塔. 道德哲学与社会伦理 [M]. 李磊，刘玮，译. 哈尔滨：黑龙江人民出版社，2004：125.

❷ 张琳. 阿伦特劳动理论研究 [D]. 上海：上海社会科学院，2012.

对于劳动的理解，不同学者都有各自的观点。总体来说，大多数学者都肯定了劳动对自然界及社会物质生活的改造作用。本书把劳动定义为一种通过改造社会进而创造个人价值的实践活动。在新时代，劳动也增添了新的劳动形态，脑力劳动和服务性劳动不断上升，复合型劳动出现，满足了人们对于美好生活的物质需要。但是，劳动更为重要的意义则是对人的自我实现的效用。劳动在改造自然界的过程中也在改造人类自身。从教育意义上说，劳动可以塑造人的精神世界，满足人类对精神方面全面发展的要求。

（二）劳动教育

在《教育大辞典》❶中，劳动教育是指劳动、生产、技术和劳动素养方面的教育培训。其主要任务包括四个方面：一是培养学生正确的劳动观点。二是培养学生正确的劳动态度。三是培养学生具有良好的劳动习惯、艰苦奋斗作风。四是使学生获得工农业生产基本知识和技能。

《中国大百科全书·教育》❷站在教育理论与实践的整体视角下将劳动教育视为"德育的重要组成部分，其目的是让学生能够在劳动实践中树立科学正确劳动认知与积极主动的劳动情感，使其养成良好的劳动行为习惯，将其培养成为热爱劳动的合格公民"。

陶行知更加提倡在学生生活中进行教育的观念，同时，他认为，将劳动教育渗透在学生生活中也是十分必要的。"生活教育是生活所原有，生活所自营，生活所必需的教育。教育的根本意义是生活之变化。生活无时不变，即生活无时不含有教育的意义。"❸孩子在生活中成长，在生活中体

---

❶ 顾明远. 教育大辞典（增订合编本）[M]. 上海：上海教育出版社，1998：934.

❷ 中国大百科全书总编辑委员会. 中国大百科全书·教育[M]. 北京：中国大百科全书出版社，1993：1344.

❸ 陶行知. 生活教育文选[M]. 成都：四川教育出版社，1988.

验，生活赋许了教育更多的现实意义。他认为，劳动教育的目的在于谋手脑之相长，增进自立之能力，最终获得事物之真知及了解劳动者之甘苦。

裴斯泰洛齐从小学生的"脑、心、手"三种基本能力出发，来说明劳动教育内涵。他认为，教育研究者要依据小学生的身心生长特点实施劳动，将劳动与教育相结合、体力与脑力相结合。他把培养每个小学生内在的人性、塑造小学生的精神境界作为劳动教育的终极目的。对此，裴斯泰洛齐作了生动的诠释："我必须为那些被我带到家里来的孩子们寻找工作和进行工作教育，要温暖他们的心灵并发挥他们的才智。……我还关心他们的心灵，心灵是其身心崇高中心，凝聚着才智和艺术的所有品质中最纯洁和最高贵的部分。"[1]

随着时代的发展，劳动教育的内涵不断更新。研究者认为，在新时代，劳动教育就是受教育者通过理论学习和生活实践，能够树立正确的劳动价值观，满足自我价值的需要，最终成为德、智、体、美、劳等各方面达到社会要求的全面发展的人。此外，在劳动教育过程中，教师要注意激发受教育者的内在动机，使受教育者享受劳动，获得劳动的美感。

（三）小学劳动教育

李赐平、肖加琳[2]认为，中小学的劳动教育，应该主要限定为以"体力劳动"为基础，当然并不狭隘地局限于体力劳动，而是基于体力劳动的广泛多元的实践活动。同时他强调，在实践的过程中，必须以学生为主

---

[1] 布律迈尔. 裴斯泰洛齐选集（第二卷）[M]. 尹德新，译. 北京：教育科学出版社，1994：739.

[2] 李赐平，肖加琳. 实践教育哲学视域下中小学劳动教育的价值探析[J]. 现代基础教育研究，2018，32（4）：106–111.

体,实践活动为教育的主要途径和基本路线。马英❶认为,劳动教育有别于劳动技术教育,它应该是与中小学家庭、学校、社会生活密切相关的一切劳动的教育总和。劳动教育的基本内容包括学生自理能力的训练、简单工艺品的制作及劳动基本常识和技能的掌握。此外,他指出中小学的劳动教育不应强调技术性,而是要着重对劳动价值观的培养。颜庆军❷在《对现行小学劳动与技术教育的几点思考》中提出了目前小学劳动教育的具体内涵,他认为应包括思想道德、文化科学、劳动技能、创新能力和身体心理素质等内容。劳动教育的主要目标应该着重于学生的体验感,同时注重小学生能够获得良好技术素养。此外,学校应关注以劳树德、以劳增智、以劳健体、以劳益美、以劳促创新等多方面的功能实现和劳动教育的多途径实施。

基于以上研究,研究者认为,小学劳动教育是指在小学实施的,以小学生为主体的一种教育实践活动。小学劳动教育旨在围绕"劳动观念、劳动认知、劳动价值观、劳动能力、劳动习惯与品质以及劳动精神"等维度,着力培育小学生的劳动意识,锻造小学生的劳动气质,全面提升小学生的劳动素养。

(四)小学劳动素养评价

根据小学生劳动素养的内涵,研究者认为,小学劳动素养评价是基于小学生劳动素养的视角,遵循小学生的身心发展规律,围绕"劳动价值观、劳动知识、劳动情感、劳动意识、劳动能力、劳动意志以及劳动精

---

❶ 马英. 中小学劳动教育的价值探析[J]. 华中师范大学研究生学报,2004(1):61-64.

❷ 颜庆军. 对现行小学劳动与技术教育的几点思考[J]. 上海教育科研,2006(7):49-50.

神"等维度，分析评定小学生劳动素养状况的活动。小学劳动素养评价以丰富小学生劳动素养为出发点和落脚点。通过对小学生劳动素养进行剖析，抓住每一个要素的关键点并进行针对性的剖析与反馈，进而服务于提升小学生劳动素养的现实需要。

五、研究思路与方法

（一）研究思路

本书首先通过搜集整理近几年劳动教育的相关文献，了解当前国内外劳动教育现状和发展情况，进而从时代背景出发分析劳动教育实施的现实意义。其次，通过调查当前小学劳动教育的实施情况，对问题产生的原因进行整理分析。最后从劳动教育实施的新方向、新体系及新途径等方面对小学劳动教育的实践提出切实可行的建议，以期服务于小学劳动教育研究与实践的现实需求。

（二）研究方法

1.文献法

通过搜集有关小学劳动教育的相关资料，在中国知网等文献检索工具上进行资料的查找、整理及分析，在文献综述的基础上进一步深入思考，聚焦现阶段小学劳动教育的重点问题，厘清研究方向。

2.调查法

（1）问卷法

依据本研究所需要的内容，通过编写相关的调查问卷并向学校的教师、学生发放问卷，了解当前小学劳动教育的实施情况。

（2）访谈法

在基于问卷调查的基础上，结合研究对象具体特点并参考相关资料，制定访谈提纲，对相关学校的教师、学生及家长进行个别访谈，在第一时间获取有效资料，以期为本次研究提供强有力的支撑。

（3）统计法

本研究需要对回收的问卷数据进行详细的统计，录入 SPSS Statistics 软件，通过该软件对问卷数据进行信度分析与效度分析，判断其能否成为正式问卷。

第二章 小学劳动教育的现状

目前，随着教育部相关劳动教育文件的出台，劳动教育已经逐渐受到社会和学校等各部门的重视，但是大多数学校和家庭对于小学生真实的劳动教育情况还缺乏一定的了解，许多学生还没有树立正确的劳动价值观。因此，研究团队依据当前小学生的劳动观及劳动教育情况，设计相关调查问卷和访谈提纲，在某市2所小学的"中高年级"开展调查。调查问卷包括教师问卷、学生问卷及家长问卷。教师卷和学生卷调查的对象分别是某市2所学校中四、五、六年级的教师和学生。其中，教师一共48人，学生一共320人。访谈对象主要包括小学中的教师和管理者。选择这2所学校作为调查对象的原因有两个：一是2所学校的师生质量、教育资源及相关的配置设施较为完善，有利于研究的顺利开展；二是对2所学校的情况有较为明确的认知，便于调查研究，以保证研究结果的真实性。

一、劳动教育教学

（一）劳动教育课程设置

1. 开设课程情况

通过学生问卷，对"你所在学校是否开设劳动课程"的调查发现（见图2-1），认为"没开设"的占60.98%，"不清楚"的占33.54%，"开设了"的占5.49%。由此看出，当前在小学中，学生对劳动课程缺乏一定的关注和了解，开设了劳动教育课程的学校有限，学校对劳动教育的重视程度不足。

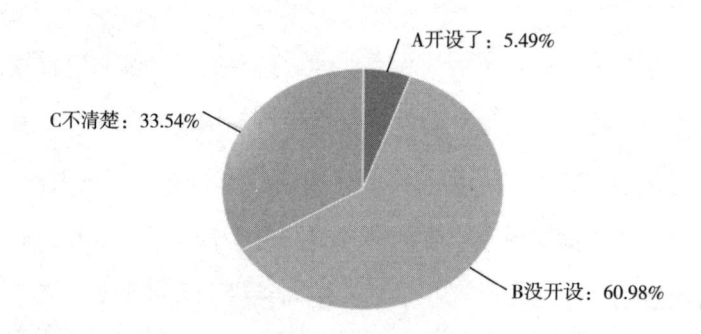

图2-1 学校劳动课程开设情况（学生卷）

2. 课程安排情况

从"学校在哪些课程中开设劳动教育"的调查可知（见图2-2），学校的劳动教育主要以综合实践课（40%）和主题班会课（26.67%）的形式开展，以选修课形式开展的占20%，以必修课形式开展的占13.33%。由此可见，学校更倾向把劳动教育当作一门副课，认为劳动教育课程区别于主科课程。

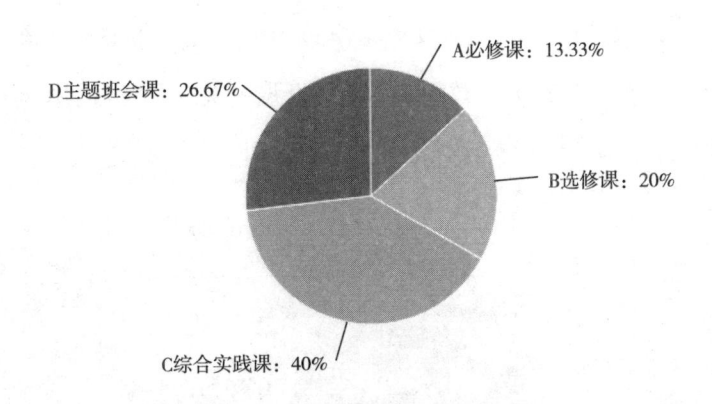

图 2-2　劳动课程安排情况（教师卷）

A必修课：13.33%
B选修课：20%
C综合实践课：40%
D主题班会课：26.67%

3. 课程实践情况

从学生"在学校是否参加劳动实践课"的调查可知（见图 2-3），56.1% 的学生表示没有参加过劳动实践课，31.1% 的学生表示不清楚，只有 12.8% 的学生表示参加过。从这份数据不难看出，学校的劳动实践课程较为缺乏，学校的劳动教育绝大部分停留在表层，缺乏教育实践。

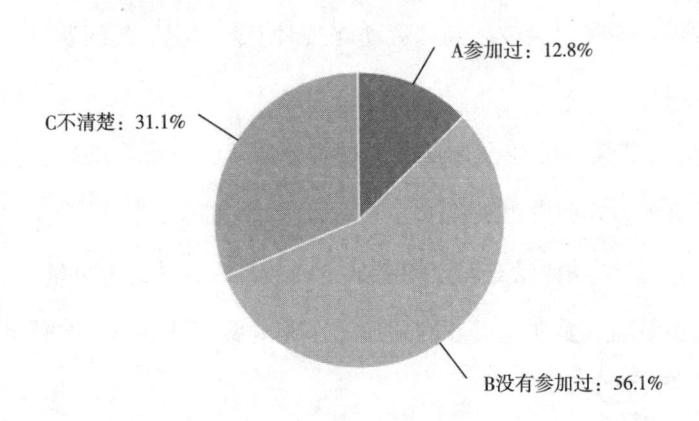

图 2-3　学生参加劳动实践课程情况（学生卷）

A参加过：12.8%
B没有参加过：56.1%
C不清楚：31.1%

（二）劳动教育课时安排

根据"学校多久开设一次相关劳动教育课程"的调查（见图2-4）发现，54.35%的教师认为学校从没有组织过相关课程，30.43%的教师表示一学期开设一次，15.22%的教师表示一周开设一次。这表明学校对劳动教育的重视程度不够，劳动教育并未真正落到实处。

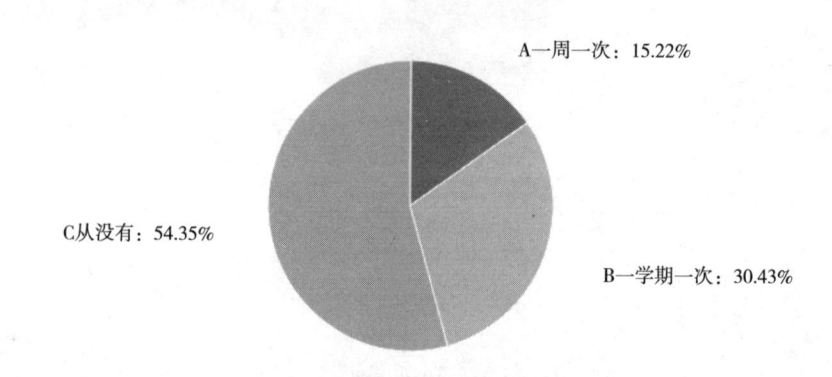

图2-4 劳动教育课程开设频率（教师卷）

通过访谈发现，中高年级存在劳动课被占用情况。原因可能是中高年级面临升学考试的压力，一些主课教师经常占用劳动课及其他副科课程，学生已经习以为常。当被问到"劳动课按时上课情况"的问题时，一些学生是这样回答的：

学生A："我们已经很久没有上过劳动课了，每次上课时，班主任老师就会进班来给我们讲题或者做卷子，几乎每次都是这样的。"

学生B："劳动课没有固定的老师，一般都是科任老师来给我们上课，上课时大多时间都是在完成各科老师的作业或做自己的事，老师很少会讲有关劳动的内容。"

由此不难看出，在学校中，劳动课程被占用的情况比较严重。劳动课程大多流于形式，缺乏实效。

（三）劳动教学内容和方式

1. 教学内容设置

在对"学校的劳动课包括哪些内容"进行调查后（见图2-5），发现手工占据了绝大部分（78.69%），家政和烹饪等实际生活中所需要的技能仅占一小部分，分别为13.11%和14.75%。此外，园艺占11.48%。在其他选项中，学生并没有给出具体的劳动内容。由此看出，劳动课程的内容缺乏一定的实操性。

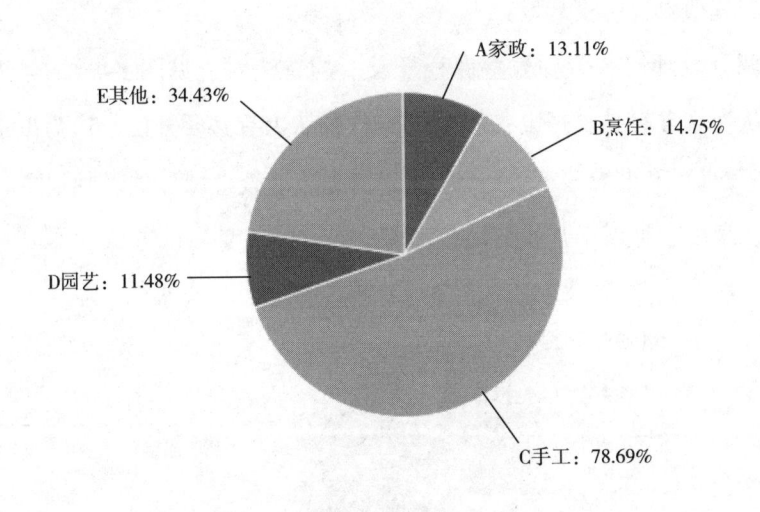

图2-5 学校劳动课包括哪些内容（学生卷）

2. 教师教学方式

在调查"学校开展劳动教育方式"这一问题时发现（见表2-1），小学中的劳动教育教学大多以教师授课（62.5%）的方式进行，在教师的指导下自主学习（14.58%）和学生自主实践（12.5%）在总体教学中所占比重较低，根据学校特色开展相应活动占10.42%。总体上看，学生缺乏自主实践的机会和正确的实践方式，这在一定程度上降低了学生的学习兴趣。

表 2-1 学校开展劳动教育方式（教师卷）

选项	小计	比例
A 教师授课	30	62.5%
B 在教师的指导下自主学习	7	14.58%
C 学生自主实践	6	12.5%
D 根据学校特色开展相应活动	5	10.42%
本题有效填写人次	48	

3. 教师劳动教育态度

（1）劳动教育课程开设

在调查教师对"劳动教育课程开设"的看法时（见图 2-6），45.83% 的教师认为非常有必要开设，31.25% 的教师认为有必要开设，认为没必要开设（6.25%）和非常没必要开设（4.17%）劳动教育课程的教师很少。由此看出，学校教师对于开设劳动教育课程持积极态度。

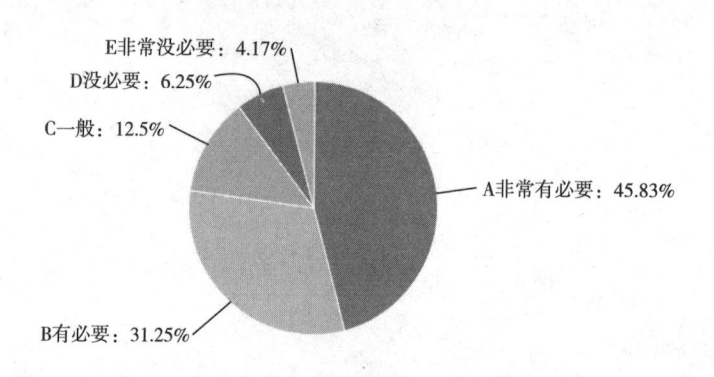

图 2-6 劳动教育课程开设（教师卷）

在访谈过程中，当问到教师对"学校是否有必要对小学进行劳动教育培养"的看法时，几位教师这样说道：

"我认为对学生进行劳动教育的培养是非常有必要的。小学生的大部分时间都在学校度过，如果在学校中对他们进行劳动教育的话是非常有效的。有时我去班里，就发现很多同学会有拖延值日的情况，有的学生会互相推诿，能够看出，他们的劳动习惯还没有养成，劳动意识也比较淡薄。"

"我认为是很有必要的。现在国家也开始重视对小学生进行劳动教育。尤其现在大多数学生都是独生子女，在家庭中父母对于孩子劳动教育的重视肯定不够。课间的时候也能发现许多同学的桌子上很杂乱，可以看出，学生在家中肯定没有整理书桌的习惯，这样一来，在学校接受劳动教育就是必然趋势。"

"对于在学校进行劳动教育这一情况我是很赞成的。有的学生劳动是比较积极的，但是在劳动时会发现他们根本不会进行正确的劳动，比如，扫地、拖地等。现在还是缺乏具体的指导。"

（2）劳动教育的意义

在"学校开展劳动教育的意义"问卷调查中（见图2-7），66.67%的教师认为劳动教育可以增加学生的劳动知识，认为劳动教育可以培养学生的劳动意识和能够提升学生的劳动技能的教师比重各占47.92%和43.75%。此外，41.67%的教师认为劳动教育能够促进学生养成良好的劳动习惯，31.25%的教师还认为有助于学生形成正确的劳动价值观。总体来说，教师能够意识到劳动教育对于学生的重要性，但是从长远来看，教师对价值观的培养意识还有所欠缺。

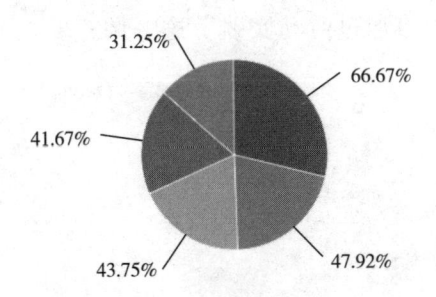

图2-7 学校开展劳动教育的意义（教师卷）

在访谈中,当被问到"您认为像大扫除、值周这样的劳动活动的目的是什么"这一问题时,几位教师这样回答:

"像让学生进行值周、大扫除的活动,从效果上看,校园环境变美了,学生学习的氛围变得更浓厚,这会潜在地提高学生的学习兴趣。"

"这种活动一般是为了维护校园环境,服务校园。学生一直在教室里面学习,让他们出去活动活动也是很有益的。"

"这种活动可以减轻老师在工作上的压力,也可以达到强身健体的效果。在一定程度上也培养了学生爱劳动的品质。"

由此可以看出,大部分教师还是把劳动定义为一种身体上的劳作,他们认为劳动是一种锻炼身体的活动,更多注重的是对于学校及外在的一些影响,在一定程度上忽略了对学生精神层面的提升。

二、劳动教育活动

(一)劳动活动的时间和次数

针对"你在学校是否参加过劳动实践"这一调查发现(见图2-8),

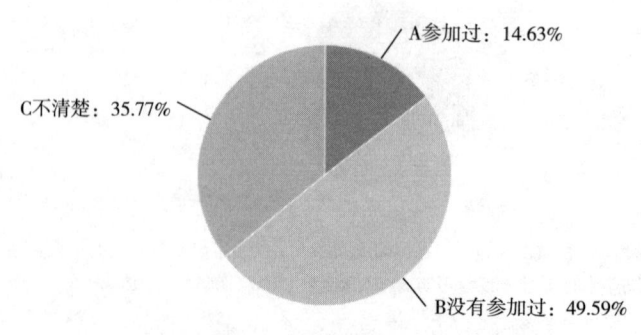

图 2-8 你在学校是否参加过劳动实践(学生卷)

A参加过:14.63%
B没有参加过:49.59%
C不清楚:35.77%

在小学中，表示参加过劳动实践的人数占 14.63%，没有参加过劳动实践的人数占 49.59%，还有 35.77% 的学生表示不清楚。由此可以看出，劳动教育在小学中的实践情况不容乐观。学生劳动实践机会的缺失，将会直接影响劳动教育的实施效果。

（二）劳动活动的内容和形式

根据"你在学校经常参加哪些劳动活动"的调查发现（见图 2-9），帮老师收发作业本占 59.15%，做值日及进行值周、自觉完成学习任务分别占 42.68%、42.07%，主动帮体育老师拿器材和还器材占 28.05%。从以上数据可以看出，学生在学校的劳动活动多是帮助老师完成相关任务，以体力活动为主，学生的劳动内容较单一。

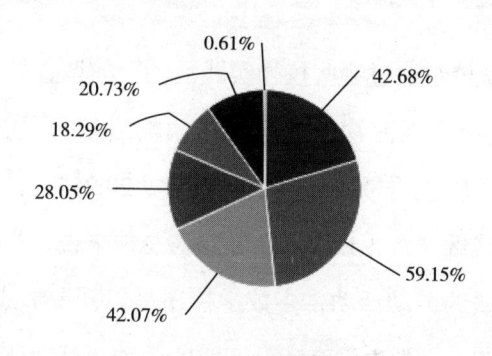

图 2-9 你在学校经常参加哪些劳动活动（学生卷）

由"您所在学校（或班级）组织过哪些实践活动"的调查得知（见表 2-2），学校的劳动活动主要以大扫除（75%）的形式进行，其次是做值日（50%）和上手工课（33.33%），此外，去学校劳动实践基地劳作的活动较少，仅占 10.42%。由此可以看出，学校内组织的劳动活动大多比较简单，形式单一。

表 2-2　您所在学校（或班级）组织过哪些实践活动（教师卷）

选项	小计	比例
A 大扫除	36	75%
B 上手工课	16	33.33%
C 参加校外劳动	12	25%
D 种植花草	14	29.17%
E 做值日	24	50%
F 广播站、黑板报等宣传劳动模范	11	22.92%
G 做劳动教育手抄报	14	29.17%
H 去学校劳动实践基地劳作	5	10.42%
I 其他	6	12.5%
本题有效填写人次	48	

由"你所在学校组织过哪些校外实践活动"的调查得知（见图 2-10），71.17% 的学生表示参观博物馆或科技馆，然后依次是去敬老院看望老人（37.42%），参加义务劳动，做志愿者（20.25%），植树造林活动（17.18%），参加实践调查（12.88%）活动。总体来说，学校较少开展具有公益性、义务性质的劳动活动，多数学校还是以开展形式化的活动为主，实践调查的活动较少，学生没有亲身实践的劳动，社会体验感较差。学校劳动教育的活动形式还有很大发展空间。

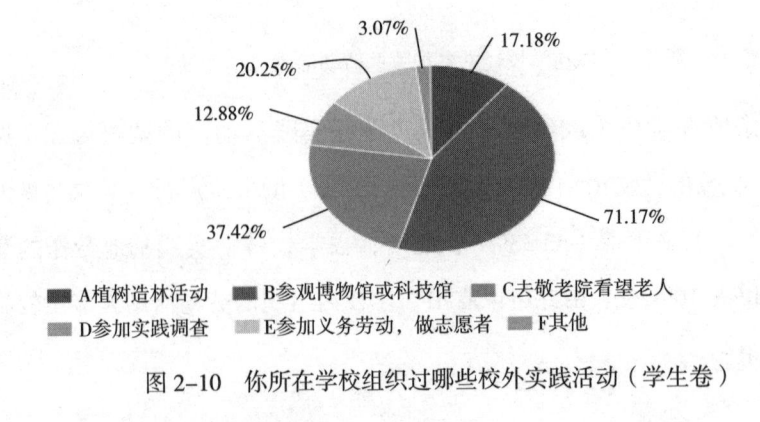

图 2-10　你所在学校组织过哪些校外实践活动（学生卷）

（三）劳动活动的效果及评价

在"你认为参加劳动活动是否有意义"问卷调查中（见图2-11），57.32%的学生认为参加劳动活动有意义，30.49%的学生认为意义非常大，只有12.2%的学生认为没有意义。由此可以看出，当前小学能够意识到劳动对于他们的意义，但是认识程度不深。

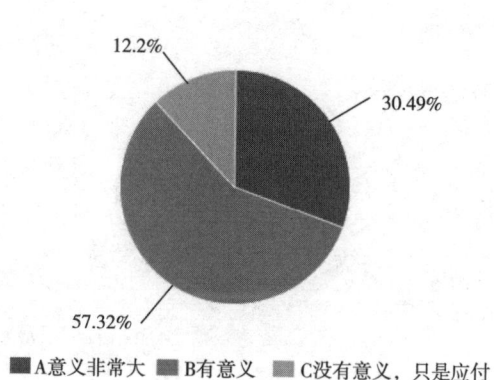

图 2-11　参加劳动活动的意义（学生卷）

在"老师是否会对你的劳动过程进行评价"问卷调查中（见图2-12），认为"有时评价"的学生占61.96%，"从来没有"的学生占19.63%，"经常评价"的学生占18.4%。可见，在学生劳动过程中，教师不会经常性地对学生的劳动过程进行评价。

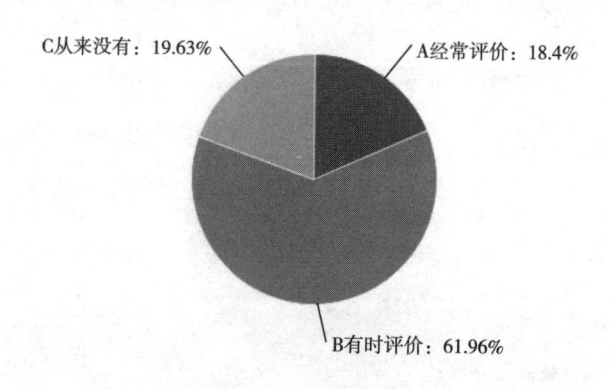

图 2-12　老师是否会对你们劳动过程进行评价（学生卷）

在进一步了解中,通过"老师是否会对你的劳动成果进行评价"的调查发现(见图2-13),认为教师"有时评价"的学生占62.8%,"从来没有"的学生占26.83%,只有10.37%的学生认为教师经常进行劳动评价。由此可见,无论是在劳动过程中,还是在劳动结束后,教师对学生的劳动评价还是比较匮乏的。

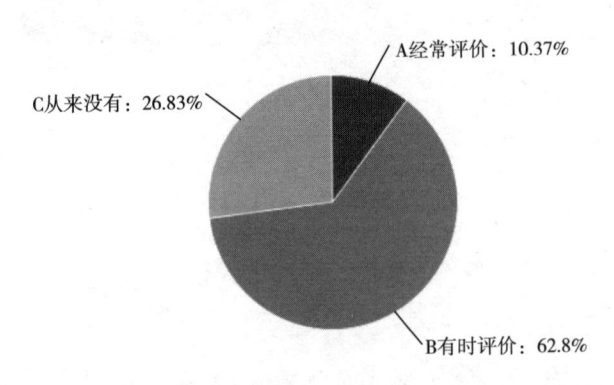

图2-13 老师是否会对你的劳动成果进行评价(学生卷)

(四)学生劳动活动的参与度

1.劳动积极性

根据"班级学生参与劳动活动积极性"的调查发现(见图2-14),教师认为52.08%的学生比较积极,33.33%的学生很积极,14.58%的学生积极性弱。整体看,大部分学生比较喜欢参加劳动活动,对劳动具有一定积极性。

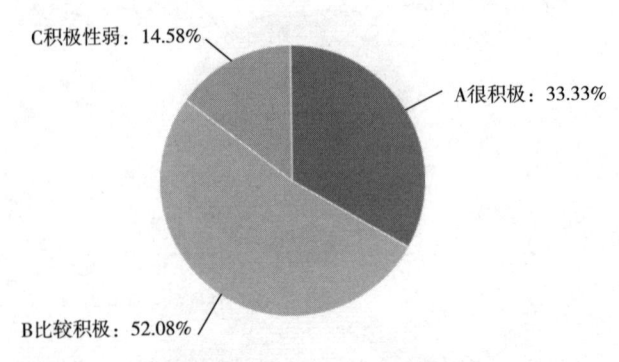

图2-14 班级学生参与劳动活动积极性(教师卷)

2.劳动态度

在"你是否愿意在学校打扫卫生"调查问卷中（见图2-15），65.52%的学生表示很愿意，24.14%的学生表示不愿意，但不得不做。此外，经常偷懒不做的学生和从来没做过的学生分别占6.9%和3.45%。由此可以看出，大部分学生比较喜欢劳动，能够参与到劳动活动中。

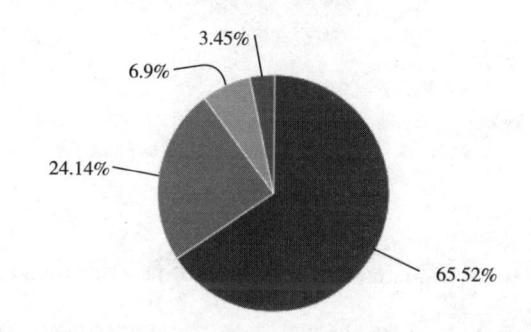

图2-15 你是否愿意在学校打扫卫生（学生卷）

三、劳动教育保障体系

（一）劳动教育考核评价

1.评价主体

根据对"劳动情况评价主体"的调查发现（见图2-16），71.15%的教师选择了教师评价；44.23%的教师选择学生互评；34.62%的教师选择家长评价；30.77%的教师选择学生自己评价。由此可以看出，当前对学生进行劳动评价的主体依然是教师，其次是学生之间互相评价，家长和学生自身相对较少参与到评价中。

学生自己评价：30.77%
教师评价：71.15%
家长评价：34.62%
学生互评：44.23%

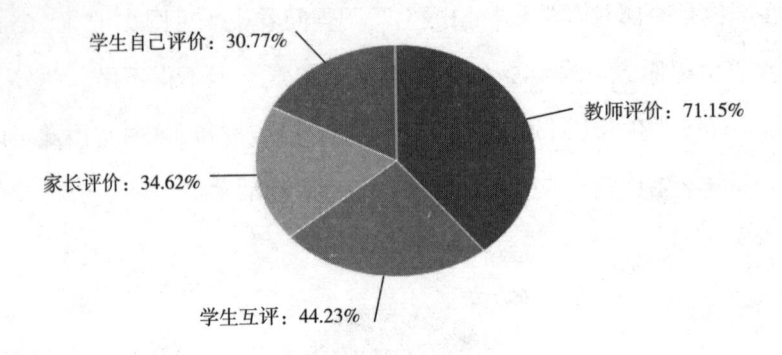

图 2-16　劳动情况评价主体（教师卷）

2. 评价方式

根据"教师如何评价你的劳动"的调查发现（见图 2-17），48.17% 的学生表示教师会在语言上进行批评或表扬；32.93% 的学生表示教师会在物质上进行奖励；15.24% 的学生表示教师会将劳动情况记录下来。由此可见，对于学生的劳动情况，主要的评价方式还是口头表扬和物质奖励，学校一般不会把劳动情况进行记录。

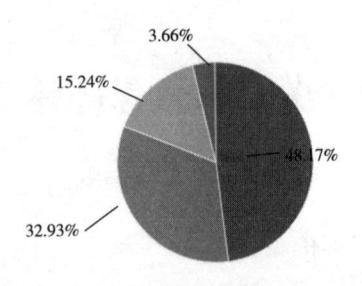

3.66%
15.24%
48.17%
32.93%

■A在语言上进行批评或表扬　■B在物质上进行奖励　■C将劳动情况记录下来　■D其他

图 2-17　教师如何评价你的劳动（学生卷）

在"劳动成绩是否会作为学生评优标准"问卷调查中（见表 2-3），60.42% 的教师表示不会；只有 27.08% 的教师表示会将劳动成绩纳入学生的评优中。由此可见，学校很少将劳动成绩列入学生的考核中。

表 2-3　劳动成绩是否会作为学生评优标准（教师卷）

选项	小计	比例
会	13	27.08%
不会	29	60.42%
不清楚	6	12.5%
本题有效填写人次	48	

（二）劳动教育师资力量

根据"所在学校有专职的劳动教育教师"的问卷调查发现（见图 2-18），51.11% 的教师提到了当前学校里缺乏相应的专职教师，开展课程时只能用其他教师代替。只有 8.89% 的教师提到有专门教师上课。由此可见，学校里缺乏相应的教育教学资源，这是导致小学劳动教育问题的一大缘由。

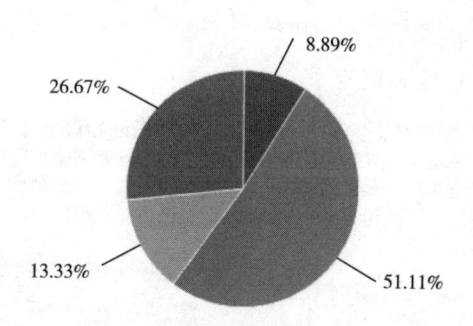

■A有专门教师　■B没有，由科任教师代课　■C没有，外聘兼职教师　■D其他

图 2-18　学校专任教师配置情况（教师卷）

在"您认为应该由哪位科任教师兼职"问卷调查中（见图 2-19），52.08% 的教师认为劳动教育课应该由品德与社会教师担任，25% 的教师认为应该由科学课教师担任，还有 20.83% 的教师认为应该由语文教师担任。总体来说，大多数教师还是把劳动课当成一门副科对待，对劳动教育的重视程度不够。

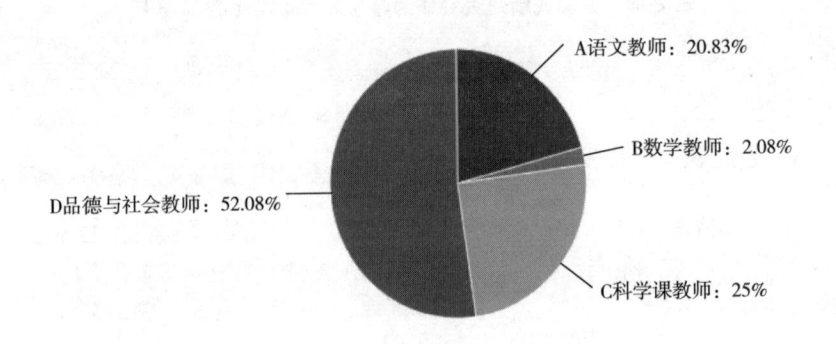

图2-19 您认为应该由哪位科任教师兼职（教师卷）

（三）劳动教育设施配置

根据"学校是否为学生配备专门劳动场地和设施"（见表2-4）的调查发现，68.75%的教师选择了"没有"；22.92%的教师选择了"有"；还有8.33%的教师表示"不清楚"。由此可见，在小学中，大部分学校没有为学生配备相关劳动场地和设施。

表2-4　学校是否为学生配备专门劳动场地和设施（教师卷）

选项	小计	比例
A 有	11	22.92%
B 没有	33	68.75%
C 不清楚	4	8.33%
本题有效填写人次	48	

通过对学校劳动教育情况的现状调查，我们发现当前劳动教育在实施过程中存在一些具体问题：学校的劳动教学课时安排严重不足；教学内容没有满足学生的实际需求；在学校具体开展劳动实践方面，缺乏多样的劳动形式，劳动的具体内容和主要途径比较单一。同时，缺少具体可行的评价机制，考核内容和形式短缺。学校师资力量不足，缺乏专业教师，劳动活动的设施和场地有限。总体来看，小学劳动教育还有很大的拓展空间。

# 第三章 小学劳动教育存在的问题

一、劳动教育观念不强

（一）课程课时安排不当

劳动教育课程开设明显不足。有些小学并未开设劳动教育课程，有的小学即使开设了，在实施时也经常被其他"主科课程"占用。尤其是在小学中高年级，这种现象更加明显。由于高年级小学面临着升学考试的压力，许多课程都被教师"挤压""占用"。通过"小学在哪些课程中开设劳动教育"的调查，发现小学的劳动教育课程主要以综合实践课（40%）和主题班会课（26.67%）的形式开展，以选修课形式开展的占20%，以必修课形式开展的占13.33%。由此可以看出，多数小学中的劳动课程是以其他课程的形式开展的，劳动教育并未以专门的课程形式存在。这直接导致劳动教育课时的缺乏。在"小学多久开设一次相关劳动教育课程"的调查中，54.35%的教师表示小学没有组织过相关课程，30.43%的教师表示一学期开设一次，只有15.22%的教师表示每周开设一次，这凸显了小学对劳动教育的漠视。

教育部明确规定要保证小学劳动教育每周至少一个课时，并且小学要规定每天课外的劳动时间。但这一落到纸上的文件并未真正在小学落地生根，许多小学并没有达到这一要求。可以说，许多小学只有劳动"意识"，缺少劳动"实践"。如何让劳动教育落地生根、开花结果，是现行教育亟须解决的问题，也是实现劳动教育良好发展的关键所在。

（二）教学内容和形式单一

当前小学劳动教育总体上缺乏系统性与完整性。首先，劳动教学内容与实际不够契合，所学内容与小学生活存在分离问题。通过对"小学劳动课内容"的调查发现，手工活动（78.69%）占据了绝大部分，其他与小学生活密切相关的活动，如家政和烹饪分别占教学内容的 13.11% 和 14.75%。其次，在教学过程中，教师大多只是理论探讨，对小学生进行劳动知识和劳动技能的讲授，对于小学生劳动情感和劳动精神的培育则较为匮乏。教学过程往往流于表面，对小学生精神层面的触动不大。在当前知识大爆炸时代，教育者在执教过程中，应该更多考虑时代对于人才的要求，全面型、综合性人才适应信息化的浪潮，只有"学识"，没有"技能"的人才终将被时代淘汰。

劳动教学形式单一。在相关调查中，当前小学的劳动教学形式主要以教师讲授为主，小学生缺乏自主实践的机会。在上课过程中，大部分教师往往因为没有相关的知识储备而依靠自己的教学经验和情感倾向对小学生进行思想知识的灌输，长此以往，带有教师主观倾向的教学方式难免会影响小学生的世界观和价值观的形成。而且，当前的劳动教育课程往往流于形式，很多教师在上课时只履行"监管"的职责，认为只要保证课堂纪律即可，对于上课内容抱有无所谓的态度，小学生大多在下面做自己的事。久而久之，小学生难免会失去对本门课程的兴趣和对劳动的热情。

（三）教师劳动价值取向偏差

调查发现，教师对劳动教育的认识有待提高。教师是教育的主体，教师对劳动教育的态度和看法会直接影响小学生的劳动价值观。根据调查，多数教师已经认识到在小学开展劳动教育的重要性，同时认识到劳动教育对小学生的重要意义。但这种意识只停留在"认知"层面。在"您认为开展值周、大扫除这种劳动活动的目的是什么"的调查中，多数教师表示这种活动可以美化校园环境、服务校园，同时可以锻炼小学生的体质。只有少数教师提到了劳动对人精神层面的影响。由此可以看出，教师对于劳动教育所蕴含的精神价值缺乏足够的认识，没有认识到"劳"与"育"是不可分割的整体。在履行其教育职责时，教师经常不自觉地把劳动与教育相分离，劳动教育的整体性功能被削弱。如果劳动教育仅停留在日常生活劳作上，必将失去其真正的教育价值，因此，切实提高教师的劳动教育思想觉悟，加强教师对劳动培养完整、全面的认识，也是当前劳动教育的重中之重。

（四）作为"管训"小学生的手段

小学中劳动教育异化的表现之一就是劳动被当作"管训"小学生的手段。根据本次研究发现，小学教师常把劳动与"惩罚"相结合。小学生早自习迟到会让小学生在教室外罚站反省，小学生作业未完成会被叫到办公室做值日，小学生互相打闹会受到批评，或会被罚做一周值日等。劳动教育在很大程度上被异化，被教师改造为一种管理"不听话"小学生的手段，劳动被当作一种惩戒的方式。这一系列的操作无疑是对劳动教育的曲解，不仅会让小学生对劳动产生一种强烈的抵触心理，从长远来看，也不利于小学生健康人格的发展。教育者要分清惩罚与驯服的作用，惩罚是为了在孩子犯错时，及时给予纠正的一种规范，其作用不是为了让孩子体会身体的苦痛。惩罚的意义在于让小学生认识到自身的错误从而加以改正，与惩罚相伴随的是一种归束的行为，而不是为"惩罚"而惩罚。那些与惩罚所联结的劳累的、苦重的劳动只会让小学生感受到劳动的恐惧，从而在生活中厌恶劳动，失去想要劳动的想法和欲望，这种异化的劳动更不利于小学生完整心智的成长。

二、劳动实践活动单一

（一）劳动时间少、形式单一

通过本次调查研究发现，小学的劳动实践活动总体上实施效果不佳。首先，表现为小学生的劳动时间少。在"你在学校是否参加过劳动实践"的调查结果中，49.59%的小学生表示没有参加过，只有14.63%的小学生表示参加过相关劳动实践。研究者对四年级某班和五年级某班的值日情况进行了记录，发现值日生一周一轮换，大部分小学生一周只需值日一次，值日时间大多在午休前二十分钟以及放学后的半个小时，值日内容主要为简单的扫、拖等。由此可以看出，小学生在校的劳动时间较少。其次，劳动形式单一。在学校时，校内劳动活动也较为单一，多为定期打扫校园、做值周值日等。校外活动组织较少，根据本校特色开展相关活动及去实践基地进行劳动更是寥寥无几。总体来说，小学生劳动活动的时间和机会都十分缺乏。

（二）劳动内容缺乏新意

劳动内容也是评价劳动实施效果的重要标准，多样化的劳动实践活动有利于提高小学生的劳动兴趣，丰富小学生的劳动体验。根据本次调查，小学劳动内容陈旧化，缺乏创新。在校内，劳动活动主要以开展定期清洁扫除以及值日为主；在校外，参观博物馆（科技馆）的实践活动人数占据71.17%，此外，去敬老院看望老人以及参加植树造林活动的人数分别占37.42%和17.18%。劳动实践活动大众化，缺乏创新性。通过课下与同学交流，发现大多数同学已经多次参加过此类活动，对小学组织的活动兴致不高。多数小学生表示想要参加一些新颖的、更加有参与感的劳动活动。根据教育部发布的相关文件，小学在劳动教育活动中应起到主导作用，小学中高年级可参加集中劳动，适当地参与到社会公益劳动中。基于此，小学应该亟须思考的问题是：如何科学合理地设计课内及课外的劳动项目，将劳动教育融入多样化的劳动活动中，进而激发小学生潜在的劳动需求和动机。

（三）劳动地点匮乏

劳动地点的匮乏也不利于劳动教育的顺利开展。根据调查发现，小学劳动实践的地点以校内为主，校外为辅。例如志愿者活动、去劳动基地实践调查等社会性活动较少。小学生大多被管束在小学的"安全区"里，在小学中进行劳动实践。陶行知曾提出"生活即教育"的观点，他认为社会即学校，小学生更应该走出校门，进入社会中。随着社会日新月异的发展，小学更应该考虑如何将小学劳动教育融入大自然中，为小学生创设更为丰富、更接地气的实践活动。当然，这些灵活多样的劳动活动离不开劳动场所的保障，因此，更为广泛性的劳动教育平台选取也显得日益重要。

三、劳动教育地位不高

（一）劳动教育没有获得应有的重视

有关文件中强调要"五育"并举，作为学校课堂教学体系中不可或缺的劳动教育，是所有学校都应该设立的一门课程。不过在当前教育大环境的背景下，劳动教育的重要性在校园中仍然偏低。现在大部分小学虽然开始注重劳动教育,具体表现在小学班级课程表上设有劳动教育课,但是其时间的安排和体育课一样仍然占据较小比重。同时,主科教师理所当然地把劳动教育课当作"副科课",在学生问卷中的"有没有劳动课被其他老师用来上别的课了"这一问题的回答,得到被占用的比例接近50%,根据数据也可以看出劳动课的地位仍然很低,被占用的情况很常见。在和学生、教师的日常交流中得知,大多数学生认为劳动教育课程主要以休闲娱乐为主,但是当前的现状是有些教师把劳动扭曲为用来惩罚学生的一种工具。究其原因是学校要靠本校学生的成绩排名以及升学率来提高其社会竞争力。学校一切以学生的成绩为主、为成绩服务。学生的成绩是考核教师教学质量的标准。教师为了应付升学压力,希望自己所教科目能出成绩,不得不严格要求学生,加重了学生的学习负担。像这样压力的层层转嫁,最终结果将是学校、教师、学生每一层都被压得喘不过气,尽管想照顾到其他方面,却心有余而力不足。同时,学校对劳动教育课程的开展力度也与其自身以及所属地区息息相关,认为培养学生综合素质更重要的学校以及地区对劳动教育的关注程度更大,但是目前这些学校的教育状况仍然以分数为王。响应教育部呼吁开展的劳动教育课并未对学生的考核确定评价标准。在这样的情形下,教师、家长和学校都更易忽略劳动教育的真正意义,会不自觉地形成劳动教育课可有可无的错误思想,最终导致学校开展劳动教育的时间不断地被压缩。

(二)家长劳动教育价值观偏差

大部分家长心有余而力不足,心理上认识到了劳动教育对孩子发展的重要性,也愿意配合学校工作对孩子进行劳动教育,但由于工作原因家长很难抽出时间与孩子一起劳动,只能偶尔教孩子一些简单的劳动技能。另外,还有部分家长为了给孩子创造优质的学习环境,认为与学习无关的事会分散孩子的精力,耽误宝贵的学习时间,加重孩子的学习负担;同时劳动又不作为考试的考核项目，完全没有必要浪费时间，把时间都留给学习才是明智的选择，因此，他们并不主张孩子做家务劳动。尽管学校开展了特色劳动教育校本课程，内容丰富形式有趣，受到了学生的一致欢迎和喜爱，但是家长依然对学校的劳动教育课持无所谓的态度。对于教师给学生布置的家庭劳动作业，家长或以某种理由拒绝，或直接包办代劳。在家庭中，父母总是觉得在孩子的发展中学习成绩是主要的，劳动是可有可无的，所以没必要教导孩子从小学阶段就养成热爱劳动的良好习惯和树立劳动最光荣的意识，父母在子女的劳动教育中似乎总是处于缺位状态。

（三）小学生劳动认知欠缺化

虽然高年级的小学生身心已逐渐趋向成熟，但不可否认他们尚处在幼稚阶段，尚未形成正确的劳动意识和劳动价值观念，还有部分学生觉得劳动是很低下的行为并且表示厌恶劳动。因为在这些学生心中劳动是分等级的，有高低贵贱之别。他们瞧不起从事体力劳动的工作人员，认为从事体力劳动是丢人的、工作环境又脏又差，还得不到社会的尊重；学生不理解劳动的意义，认为只有从事以文化为主的脑力工作，才是高尚的，才是应该被尊重的。

另外，通过调查发现，高年级的小学生普遍表现得对劳动较为抵触和反感。他们把劳动单纯理解为帮家人做家务、在班级中做值日、在学校中打扫卫生等简单的体力劳动，表现出对劳动概念的窄化。同时，在劳动过程中累且乏味，并没有体验到劳动的乐趣，缺少继续劳动的动力。在应试教育的影响下，部分小学生感觉学习的时间都不够用，根本没有时间劳动。即使在课余时间，他们也会选择踢足球、扔沙包等运动来放松，而不会帮助老师维护班级卫生。周末休息时，比起帮父母做家务，他们更愿意选择看电视或玩手机等。由此可以看出，他们对劳动缺少热情。学生在家长只重视学习成绩观念的潜移默化的影响下，形成劳动好不如学习好的错误观念。他们大多会在各种"不重要"的学科课堂上写主科老师布置的作业,还沾沾自喜地认为比别的同学学到了更多知识。甚至有学生认为,只有学习好才会有光明的未来,劳动不仅不会促进个人的成长,还可能因为占用学习时间阻碍其发展。学生受到各种错误的劳动观念的影响,很难树立正确的劳动价值观。只学习不劳动会阻碍学生身心全面发展,对于其日后步入社会会产生不利影响。

(四)"劳"和"育"相分离

小学中劳动异化的另一个表现则是"劳动"和"教育"相分离。调查显示,62.5%的教师表示当前劳动课的教学主要以教师授课的方式为主,小学生自主实践的方式仅占12.5%。劳动教育课受到了美育、智育培养方式的影响,成为"讲解课""说教课",教师在课堂上处于绝对的主导地位。长此以往,劳动教育难免陷入培养方式上的误区。这种教法,只能做到"育"的形式,而无法达到"劳"的目标。此外,据调查,当前在小学中,校内劳动活动的形式大多以大扫除、做值日的方式进行,帮助教师收发作业本也成为小学生日常的劳动活动。小学只是把劳动实践当作一种社会性的体力劳动,认为安排小学生每天做值日,每周做扫除这种活动就是劳动教育。

在研究过程中发现,班主任教师会在周末布置有关劳动的作业,内容包括种植植物并观察其生长情况或者跟父母学做一道菜等。但类似的活动最终的结果是为了完成一篇小作文,教师并没有进行相关的劳动指导或监督活动,很多小学生甚至没有完成劳动实践就应付了本次作业。由此可以看出,这样的形式并没有对小学生起到劳动教育的作用。劳动活动流于形式,劳动变成一种任务。诸如此类的活动还有很多,这无疑将"劳"和"育"割裂开来,小学生劳动活动的教育性相对缺失,小学生只想尽快完成教师布置的相关学习任务,劳动变相成为一种杂役或者一种负担。这种徒有形式没有内涵的劳动,并不能体现出劳动的教育作用。相反,小学生会抱怨、反感劳动,致使劳动的教育意义缺失。

四、劳动素质有待提升

(一)概念辨识不清

小学生对劳动概念的理解较为狭隘,大部分小学生把劳动等同于体力劳动而忽视了脑力劳动,这与学校和教师的劳动教育方式有关。小学生主要通过教师传授书本知识以及所谓"手工课"来了解劳动比较片面。通过统计数据可以发现,在对劳动认识上60%以上的学生认为打扫卫生和种植蔬菜属于劳动,只有10%的小学生认为脑力劳动为主的开发电子游戏和坐办公室办公属于劳动,面对舞台表演是否属于劳动的选择时,将近80%的小学生认为舞台表演不属于劳动。根据以上数据我们得知大多数小学生并不能明确劳动究竟是什么,不能分辨劳动的意义和概念,仅仅认为体力劳动属于劳动的一部分,没有意识到脑力劳动也属于劳动的一部分。

(二)劳动认知偏差

传统思想"学而优则仕"流传至今,影响了一代代读书人。在传统观念的无形影响和束缚下,家长和教师都对劳动,尤其是体力劳动产生了一定程度的轻视。小学生的认知尚不成熟,容易受到家长的思想观念、教师的教育理念以及社会风气的影响,作为"劳力者"会被人看不起的念头可能会在他们心中生根发芽。如果长时间受到这种错误的劳动价值观的影响,他们在潜移默化中就会形成对劳动的错误认知,产生轻视劳动、厌恶劳动的情绪,认为体力劳动者是低人一等的,对脑力劳动更是缺乏清晰的概念，如果这时还没有得到正确引导，对于小学生的三观养成是不利的，严重的话可能阻碍他们对于失德与否的判断。这些是影响其道德品质形成与劳动素质培养的隐患，使劳动教育弱化育人效能。

（三）劳动能力偏低

造成小学生劳动意识偏差的另一原因是其劳动技能的欠缺。作为人类进行社会生存必须掌握的技能，即学生的劳动能力，由很多种能力组成，既包括生产劳动能力，也包括在劳动过程中所必须具备的创新能力和自我服务能力。在社会经济快速发展的时代背景下，小学生大多为"10后"，他们没有经历过紧衣缩食、艰苦奋斗的岁月，没有体会过物质生活的贫乏，对"一粥一饭，当思来之不易"的理解还不够深刻。大多为独生子女的他们，自小受到整个家庭的关照与爱护，过着"衣来伸手，饭来张口"的生活，几乎没干过家务活，缺少劳动锻炼以及亲自参与劳动活动的经历，很难感受到劳动的艰苦与快乐，不能感受到劳动的乐趣，自然也不能明白珍惜和节约的意义。学生正确劳动价值观的形成必须受到艰苦奋斗的劳动精神的熏陶以及定期劳动锻炼的洗礼。劳动教育的缺失不利于小学生劳动技能的掌握。在"不理解劳动、不愿意劳动、不能够劳动"观念的影响下，小学生难以理解劳动的真谛，掌握劳动的技能，提升劳动的素养。

五、保障条件不够完备

（一）劳动教育师资力量缺乏

劳动教育目前已经被作为中国教育改革的重心之一，许多学校开始步入劳动教育变革的新征途，不过随着劳动教育学科类型的丰富，对具备劳动教育专业知识或相应技能的教师的需求量越来越大，这也和当前能够教授劳动教育课的师资力量严重不相符。而且多数学校甚至没有按照要求聘请专门担任劳动教育学科的教师，因此，劳动教育课常常是由其他专业教师代教的。一是放眼望去，整个学校中具有劳动教育专业素质的师资还是极少数；二是由于劳动教育学科发展还处在起步阶段而没有形成完备的教学系统，教师们出于自己学科专业发展的考虑往往不愿意去任教劳动教育学科，这反而导致劳动教育无法构成完备的教学系统，更不要说发挥劳动教育应有的社会价值。

（二）劳动课程设置不新颖

目前，有些学校劳动教育课程设置不够合理，这受到学校教育重视文化知识学习，轻视劳动教育观念的影响。学科设置上，多数学校并不单独设立劳动教育课程；还有一些学校尽管在名义上设置了劳动课，但却将其内容贯穿在"品德社会"和"综合实践活动课"中。教师由于承受学校升学率的压力，在劳动课上只是一味地照本宣科，向学生灌输理论知识，并未营造将理论知识应用于实践的教学环境，学生对于枯燥的知识不理解，久而久之对劳动就产生了抵触情绪。尽管劳动教育课程的课时数已经如此有限，却仍经常性地被其他学科教师占用或学生自己上自习，劳动教育课程未能发挥真正的教育作用。从当前劳动教育课的内涵与表现形式方面划分，可以分为各种不同类型的劳动，虽然表面上看内涵丰富，但在热闹的背后是否真正存在"劳动之魂"不得而知。多种多样的劳动教育表现形式有利于学习者体悟劳动的乐趣，体会劳动的价值，真正对劳动感兴趣。如果只是在应付上级检查的时候才认真设计劳动教学活动，平时把劳动课变成学生的自习课、自由活动课，那么势必无法引领学生形成正确的劳动价值观，也无法培养学生的创新精神和实践能力，导致小学劳动教育低效运行。

（三）劳动教育设施配备不足

随着经济社会的发展，我国社会的主要矛盾已经由物质文化的需要转变为对美好生活的需要。这从侧面说明，人们不仅向往与期盼更加美好的生活，同时也对我国的教育事业具有更加殷切的期望。国家为了保障大中小学劳动教育的开展，必然要以更加完善的基础设施建设以及充足的物质供应为前提，以为劳动教育的深入开展提供充分的条件保障。劳动教育是一门实践性与操作性很强的学科。劳动教育要想取得一定的成果，离不开种类丰富的图书资源、便捷的网络技术支持、专门的劳动教室以及校外设备齐全的实验基地的保障。但是当前大部分小学并不重视对小学生进行劳动教育，因此学校几乎不具备开展劳动教育的硬件设施。绝大多数小学没有为劳动教育准备专门的教室，更何谈建造劳动实践基地。小学生所接受的劳动教育依然停留在纸上谈兵的尴尬阶段，小学生在劳动课的活动范围局限在校内，学校没有给小学生提供动手操作、检验理论知识的机会。甚至有些小学，由于占地面积较小，并未开设图书馆，即使开设图书馆，也只针对教师开放。有的图书馆收藏的图书种类匮乏，主要针对语、数、英等学科，很少有关于劳动教育方面的指导书籍，即使是对劳动感兴趣的学生也没有可以查阅的图书资源。

劳动教育注重实践性，主张让小学生在亲身经历、感受中享受劳动过程，但是由于当前学校在建设劳动教育设施上投入的资金和技术支持力量还普遍不足，劳动实践条件相对欠缺，只有简单的劳动理论知识教学，这导致劳动教育课在实施上受时间和空间的局限，小学生往往无法切身感受到劳动带来的快乐。因此，只有一定的物质条件保障，劳动教育才有可能循序渐进地取得成效。其次，小学劳动教育缺乏统一的教材，学生所获得的劳动知识大多源于教师的日常生活经验。学生不能获得系统的理论知识，无法建构完整的知识框架。另外，小学高段劳动教育课本内容应该立足于学生实际，着重让学生亲自接触日常生活，培养劳动乐趣，让小学生能够在生活中劳动，在劳动中收获快乐。但是当前小学高段劳动教育可实践性不强。例如，有些内容要求小学生去甜品店找糕点师傅学习烘焙，但是部分小学生受家庭条件所限，无法承担小学过多的高消费劳动实践任务，所以涉及面会有所减少，劳动教育无法达到预期效果。

（四）劳动教育评价体系不完备

对学校评估是为了启发、指导学校以及调动学生学习的积极性；对教师评估主要是为了使其找到教学中存在的问题，以便于有效地纠正不足，从而最大限度地改善学校课堂教学。但是在当下，学校普遍对劳动教育课程缺少合理的评估系统，而学校评估系统中也并未融入关于劳动教育达标准则的具体内容，因此教师们往往采用口头鼓励的方法对学生的表现进行评估，对学生的评价没有从有利于学生全面发展的角度出发，没有真正对学生的综合素质进行评价。学生会产生侥幸心理，不重视劳动课，认为即使在劳动课上做一些出格的事，老师也没办法管他。劳动课是一门实用性、操作性较强的学科，相比语、数、英等知识性文化学科可以通过测验评价学生的知识掌握情况，劳动课在评价方面客观性较差，主观性较强且难以量化。由于缺乏统一的评价标准，评价体系的构建较困难。劳动教育评价方式的改革要向着更公平、可量化并能着眼于学生的最近发展区，调动学生参与劳动课的积极性的方向迈进。调查发现，有些小学仍采用《学生操行评价手册》对学生劳动课的表现进行评价，这种评价方式难以使学生发现学习中存在的问题并加以改正，不利于学生的进步，虽然便于操作但不可行。同时，学校也没有为授课教师建立科学的评价体系，教师对于教学效果未进行及时反馈，不能有效地建构创新型劳动教育课程。学校对劳动教育不重视的现象是劳动教育缺乏有效评价方式的根源之一。

（五）社会资源开发不足

劳动教育资源本来是相当丰富的，但为什么学校的劳动教育资源总是显得有些匮乏，究其根源，还是对资源的开发与利用不够充分。一方面，校园周围或邻近的商场、厂房、农庄和田园等没有很好地开发利用，从而没有成为开展劳动教育的理想场地；另一方面，学校没有很好地因地制宜地利用潜在的劳动教育资源与场地，来推动校内劳动教育场地和校外劳动教育实验基地的建立。另外，学校没有很好地利用已有的青少年宫、图书室、博物院、工人文化宫、美术馆等校外活动场地进行劳动教育，没有积极争取社会各界人员和劳动教育组织的大力支持和帮助，没有最大化地利用院校布局调整中的闲置宿舍、空余活动室，以及工业结构调整中的闲置厂区、员工休息室等社会闲置公共资源，与此同时，针对劳动教育实验基地的建设力度也不足。

第四章 小学劳动教育问题成因分析

劳动教育以其独特的教育理念和教育方法，与德育、智育、体育、美育一起在促进小学生健全的心智发展和培养小学生健康人格等方面发挥着积极作用。但是在实施过程中，由于受到社会、家庭及小学生自身等因素的影响，小学劳动教育出现了诸多问题，因此，有必要对其背后的原因进行深入分析，以找出问题的症结，明确小学劳动教育未来的发展方向。

一、劳动价值观偏差

（一）劳动观的误区

根深蒂固的传统儒家思想影响了当代劳动教育的发展以及合理劳动观念的确立。孔子提倡"君子谋道不谋食""忧道不忧贫"。他教导学生要通过读书入仕来获得受人尊敬的社会地位，而不倡导通过体力劳动来获得他人的尊重。因此，从古至今的课堂教学主要采用的是讲授教学的教学方法，教师教、学生学。对于理论知识的过分强调导致对实践教学的忽视，特别是没有意识到劳动教育对于学生成长发育所起的作用。在传统教育思想的影响下，教师在教导学生的过程中常常忽视了劳动教育这一教育途径。在现实生活中，经常出现不尊重他人劳动成果，轻视体力劳动工作以及鄙视劳动人民的现象。在某些父母的心中，从事体力劳动是没有发展的，是下等的工作，他们不仅不会在家庭日常生活中和校园的社会活动中有意识地引导孩子去劳动，去培育孩子正确的劳动意识和价值观，以及热爱劳动的良好习惯，相反地，将劳动当成一种惩罚手段，并用诸如"不好好学习以后只能当环卫工"等言语来误导孩子。部分成绩好的学生甚至把受教师照顾而无须做值日当成了一种可以炫耀的资本。这非但不利于学生思维的健全发展，还可能由于人为因素造成学生劳动价值观的扭曲。学习处于中下游水平的学生把劳动当作教师用来处罚自己的手段，是丢人、伤害自尊的行为，从而导致他们在潜意识中抵触劳动。与此对应，针对成绩较好的学生实行减免劳动的待遇，可能会使其沾沾自喜，产生高人一等的错觉。教师的区别对待将会影响整个班集体的和谐安定，也不利于班集体成员的健康成长。而家长与教师对于劳动教育理解的偏差，也不利于小学生形成正确的劳动价值观，使小学生对劳动教育作出错误的评判，从而无法真正实现劳动教育的育人价值。

（二）网络传媒的误导

改革开放至今，社会主义市场经济逐步进入了高速发展阶段，主要体现为社会生产力水平的提高，人民生活条件的改善，以及信息技术的高速发展。人们实现了"秀才不出门，便知天下事"，能够借助互联网随时掌握当下的最新资讯，但网络信息鱼龙混杂，并不都是充满正能量的。一部分人的思想受到影响，开始变得功利。甚至有些小学生也受到这种思想的影响。问卷调查中，在劳动价值观的维度下，根据结果可以发现部分小学生也许是受到网络媒体负面新闻和社会上不良风气的误导，其劳动价值观倾向于功利化。例如，在问卷调查中，个别学生认为在可以获得某种回报的情况下才会主动去做家务。当今社会经济的发展，形成了很多新兴职业，然而大部分家长内心还是希望子女能从事一份稳定体面的工作，他们认为体力劳动是低下的而不愿意让自己的子女从事体力劳动工作。这种扭曲的劳动价值观，势必阻碍小学劳动教育的深入实施。

二、社会因素的影响

（一）文化价值困惑

从古至今，我国许多著名的教育学家都对劳动之美予以称赞。中国古代颜元曾在《习斋先生言行录·学人》有言："养身莫善于习动，凤兴夜寐，振起精神，寻事去做，行之有常，并不困疲，日益精壮。"在这里，他注重劳动在保障人体康健、使人身强力壮方面所发挥的效用。《礼记》中《内则》有言："凡内外，鸡初鸣，咸盥漱，衣服，敛枕簟，洒扫室堂及庭，布席，各从其事。"由此可见，自古时起，在家庭中就建立起一定的劳动教育相关规范，把劳动看作一种日常生活习惯的养成。此外，墨家十分重视劳动对于人们生产生活的重要作用。墨子在《非命下》中提到："农夫怠乎耕稼树艺，妇人怠乎纺绩织纴，则我为天下衣食之财，将必不足矣。"他强调劳动足则国家强的内涵。在近代，曾提倡"生活即教育"的陶行知先生提出了教育要在"劳力上劳心"。在此基础上，杨贤江提出了劳动与教育相结合的思想。由此可以看出，我国的劳动教育思想经历了漫长的发展过程，教育随着社会政治变革、经济发展、文化的传承而不断演变。当前随着社会上物质资源的扩大化，劳动也应该被赋予新的时代内涵。劳动不仅仅成为一种谋生的手段，为人们带来丰富的物质材料，更重要的是，劳动带给人精神层面的触动。

但是在当前的全球化进程中，各地文化思潮互相碰撞交织，中国的思想文化受到猛烈冲击，呈现出一种复杂化多元化趋势。西方消费主义、利己主义思潮的涌入，使得中国的传统文化受到影响，以冲动消费、攀比性消费为主的不良消费主义价值观逐渐凸显。这些不良的社会思想对于三观尚未完全形成的小学生来说影响巨大，容易将追求消费作为人生的终极目标，甚至会导致他们产生远离劳动、劳动低下的想法。正因如此，劳动被衍化为满足一己私欲的手段，劳动由主动变为被动，迫使人们不得不从事生产性的社会劳动。劳动变成了获得物质财富的方式，其充盈内心、获得自身满足感的能力被消磨，这种思想完全背离了劳动创造价值的内涵，劳动的纯真本意被消解于物化的世俗世界中，其创造价值的能力也被泯灭。在这种文化消费观的影响下，教育的隐性功能往往被忽视，人们更多注重教育的功利价值。有学问有地位的人往往受人追捧,大多数小学生认为学问的高低决定了自己的未来人生,相对会忽视道德行为对于人生价值实现的影响。苏霍姆林斯基在其劳动教育著作中曾指出,在我们的时代,物质福利不断地涌进童年、少年、青年的生活,以致出现了这样一种现象:小学生可能已经丧失了这些福利是由劳动创造出来的观念,他们甚至完全不知道它们是从哪儿来的。所以,我们要正视社会大环境下,文化对于小学生价值观的影响,在小学加大劳动教育的力度,使小学生能够正确对待物质消费,培养他们健康的物质观、财富观,在小学生中提倡勤俭、节约的劳动精神,树立通过劳动改变命运的人生观。

城市化进程下劳动教育价值取向。我国自进入21世纪以来,呈现出一种崭新的经济格局。经济指数快速增长,城市化进程加快,与之相对,教育思想也相应发生变化。城市化的价值取向逐步渗透到教育领域中。教育课程的安排、教育内容的选取、教育方式的选择以及教育资源的配置都逐渐与乡村生活相分离,进而与城市生活紧密相关。处于城镇中的小学大多在小学生的知识掌握及科目训练等多方面予以更多关注,对于小学生一些基本生活常识的了解及技能的掌握则关注薄弱。因此,精英型、卓越型人才的培养成为城市小学关注的重点,学习好、分数高的孩子成为教师和小学的"重点保护对象",一些品行优良但成绩不尽如人意的孩子则容易受到教师的忽视。这种盲目的"精英式"的价值取向与传统的代表乡村文化的教育相对立,自然而然地,象征乡土文化的体力劳动就被人们淡漠和忽视,劳动教育因此受到排斥。

随着城市规模的逐渐扩大,越来越多的乡村被"改造",随之而来的是劳动内容和劳动场地的缩减,物质被改造后,精神将被浸染。劳动教育因此面临价值危机。由于劳动教育价值的隐效性和长期性,在短期内并不能看到小学生明显的实践成果,因此,劳动教育在实施中也受到一定的阻碍。城市化和现代化给青少年带来的开放意识使得他们逐渐远离本土文化，对脚下这片土地所蕴含的伦理情感感到陌生甚至遗忘，这造成了人自身的生存危机：一旦从泥土中拔出，就成了无根的人。可以说，如果教育与人类自身的本土文化相远离，那么就失去了生而为人的价值。如果说乡土文化是满足人类自身需要的精神根基，那么劳动将是使乡土文化更加稳固的奠基石。受教育者如果脱离了生产劳动，沉浸于物质的洪流中，就会只享受劳动带来的胜利果实而忽视劳动本身，这种偏离劳动价值的观念不仅是对劳动本身的误解，更是对教育的曲解。所谓真正的教育，应该是与小学生的生活密切相关的，需要小学生自己去创造，劳动的价值只有在实践的过程中才能被充分挖掘。

（二）家校合作机制不健全

家校间配合失效。劳动教育的良好实施离不开家庭教育的配合，任何一个孩子从呱呱落地开始就受到家庭氛围的影响，小学生劳动习惯和劳动素养的好坏通常反映了家庭的劳动教育情况。教育家蒙台梭利曾提到，如果我们要拟定一项育儿原则的话，那么，第一个原则就是必须让孩子参与到我们的生活中。小学生除了在学校进行学习和生活之外，家庭是学生日常生活的主场，只有让小学生共同参与其中才能发挥劳动教育的更大效用，因此，加强小学与家庭之间的联合尤为关键。

但依据目前所见，家校合作的情况并不乐观。首先，在小学中，劳动教育与家庭"互不相干"，小学劳动教育的实施与家庭教育相分离，家长很难参与到小学生的劳动活动中。同时，小学也缺少相关劳动教育的课程及实践活动，小学生参与劳动实践的机会少，家长也无法给予相应的配合。其次，在家庭中，家长对于劳动教育的意义认识不清，有些家长在口头上表现出对劳动重要性的认识，但是在实际生活中，依旧存在代办、包办现象，同时，家长在家庭中的行为观念也直接影响小学生对劳动的态度和看法。如果家庭和小学不能紧密衔接，那么家长就无法掌握小学生在校时的劳动完成情况，也无法对小学生进行一定的教育引导，这对劳动教育的实施产生间接影响。由此可见，解决家庭与小学之间缺乏有效协同的问题是确保劳动教育顺利实施的重点。

（三）政府支持不足

首先，劳动教育缺乏一定的资金投入。在访谈过程中笔者发现，小学劳动教育实施困难的一大阻碍就是缺乏教育资金。无论是劳动课程的开设、劳动活动的创办还是劳动设施的配备都离不开一定的物质保障，而教育部门的支持不足导致劳动教育的实施阻力重重。其次，劳动教育缺乏政策保障。在对小学生进行劳动教育时，仅仅凭借社会和网络的宣传是远远不够的，适当的政策激励将会将更多人的目光聚焦到劳动教育中。比如，相关的就业政策和聘用政策等，确定的法律政策也会保证劳动教育的顺利进行。再次，劳动教育缺乏制度保障，包括教育评估、教育考评制度。教育考评缺乏一定的标准和规范性，相关的考评机构缺少，这使得劳动教育的时间和内容都无法得到保障。最后，劳动教育缺乏设施保障。劳动教育需要面向社会、面向生活，劳动教育需要一定的劳动活动做支撑。但现实中，校外缺乏劳动教育的实践基地，校内缺少专门的劳技教室，多数小学生只能在教室中接受劳动教育，小学生缺少一种美好的劳动实践体验，劳动教育也难以收获良好的实践效果。

三、应试教育的影响

（一）注重分数

小学受到中考应试教育的影响，希望能够提高即将考入初中的高段小学生的分数，使这部分小学生能够获得较好的学习成绩，有利于这部分学生在初中有更好的发展，所以，学校在教学体系中主要以向学生传授知识为主，小升初考什么，也就是应试教育考什么，学校就开设什么课程，所有学校都如同从一个流水线上生产的，完全无法体现学校的特色，更不必说具有学校或地区特色的小学劳动教育。

（二）学校评价体系单一

教师、家长仍然把分数作为评价孩子的唯一标准，劳动则是一种辅助教学的手段。每当学生犯了错误或者没有完成家庭作业，教师会给学生布置劳动任务，例如罚擦黑板或者课后值日等。而对于小学劳动成果的奖励仅以口头表扬为主，且表扬的内容基本上都是"做得不错""干得很好""下次继续""接着保持"等简单的语言，对小学生毫无激励作用。很少有小学教师能够把劳动作为期末成绩考核的一部分，也很少有小学教师能够把小学生的劳动成果记录到劳动档案中。这样的评价制度没有关注到学生成长的其他方面，无法对学生的全面发展做出客观系统的评价。

（三）教学方式固化

在我国大多数学校教育课堂上，教师往往使用讲授的教学方法。教师讲、学生听，没有真正做到因材施教与教学相长，学生只是被动地接受教师所教授的知识。这种教学组织方式不能充分激发学生的创新与创造思维，也无法培养学生的动手操作能力，影响学生的健康发展。正因为应试教育的影响，小学劳动教育实施效果不尽如人意。迫于学校间的竞争压力以及家长的不理解、不支持，学校的劳动教育课程基本不会按时开展，大多情况下劳动教育课程都被其他学科教师占用，或成为小学生写作业的课程，所以也没有真正地实现劳动教育。在这样的大环境下，尚处于价值观养成期的小学生难免会受到影响，他们认为学习才是第一要素，只有学习成绩才是最重要的。久而久之，小学生将对劳动产生错误的认识，无法养成良好的劳动习惯，树立正确的劳动价值观，不利于其长远发展。

四、小学教育的忽视

（一）教育观的影响

受到应试教育的影响，"唯分数论"依然是多数小学所遵循的一项基本原则，这在一定程度上忽视了对小学生综合素质的培养，造成小学重智育而轻劳育现象。在评价体系上，分数高低作为多数家长评价名校的标准，升学率的高低也直接决定了小学是否能够在激烈竞争中获得丰厚的教育资源，所以劳动教育被大部分小学忽视，劳动教育没有获得应有的地位。在此基础上，教育者也没有把握好劳动教育的核心内涵，小学劳动缺乏教育性和严肃性。小学生只知道去劳动，却不知道为什么要劳动，劳动的真正教育意义和潜在价值得不到展现。劳动教育作为社会主义全面发展教育体系的重要支撑力，在小学中被弱化。劳动教育课时不够，师资和场地匮乏就是劳动教育被忽视的重要表现。长此以往，小学必然缺乏对劳动的重视，劳动教育在培养小学生良好行为习惯、提高其自我生活能力、塑造健全人格等方面的作用也得不到充分发挥。

在新时代，社会需要的是具有创新精神、怀揣远大理想、坚持、刻苦和不懈奋斗的时代新人。教育要想达成培养更高人才的目标，仅仅依靠智育是不够的，必须将德、智、体、美、劳紧密联系在一起，"五育"并举才能实现这一教育愿景。但是在当前的社会中，我们经常看到许多名校的小学生在小学中具有令人称羡的成绩，但是在迈入社会后遭遇挫折和考验，社交障碍、自我认知困惑等一系列心理问题接踵而来。由此可见，当前教育在实施过程中出现了偏差，将成绩和分数作为衡量一个优秀人才标准是不可靠的，当前社会所需要的是身心全面发展的综合型人才。因此，教育者要重视对小学生综合素养的培育，而劳动教育无疑是推动这一进程的重要力量。

（二）教育方法不合理

劳动教育在小学中被忽视的另一个主要原因就是教育方式不合理。"实践出真知""读万卷书不如行万里路"等古语都讲明了实践在学习中的重要性。劳动教育亦如此。小学中的劳动教育多是理论知识占主导，小学生参与实践的机会少之又少。劳动课被教师看作理论课、知识传授课。枯燥无味的教学不仅使教师感到疲惫，而且易使小学生对劳动产生厌烦心理。著名教育家杜威认为，劳动教育不能将小学生困于小学的教育环境内，必须拓展教育的视野，将劳动教育引向广阔的大自然，引导小学生热爱大自然，体悟大自然，亲近大自然。劳动的本真含义是以一种实践的方式存在，因此，劳动教育不应被束之高阁，劳动课程教学的大部分应该走进社会生活中，做到理论联系实际。只靠单纯的知识讲授，无异于画饼充饥，这样的学习和教学方式都是华而不实的。只有当小学生亲自走进自然中，与大自然亲密接触，看到自己辛勤的汗水最终换来甜美的果实，他们才会真正爱上劳动，体验到劳动的真与美。此外，当前劳动教育在实施过程中发生了偏差。劳动有时变成一种惩罚的方式，用以惩戒那些所谓的"差生"。这种错位的劳动教育不但失去了教育的意义，还会使小学生逐渐远离劳动，甚至产生厌恶劳动的想法。无论进行哪种教育活动，教学方式的选择都是至关重要的，错误的教学方式必定会阻碍教育活动的顺利实施。

（三）教育资源开发有限

任何课程的开展都离不开相关教育资源的保障和支持。根据调查，小学内的劳动教育资源没有得到充分开发。首先，在教材的使用上，小学的劳动教育课程大多没有配备相关的教材，相应的校本课程也没有得到开发。小学的教学中心围绕知识活动展开，小学各科课程之间缺乏有效的联合和贯通。其次，劳动教育的课标要求没有得到有效落实。由于受到资金、设施等各种条件的限制，劳动教育在具体实施过程中受到阻碍，教育部门在政策实施、制订课标计划等方面掌握着绝对的话语权，其他教育主体则处于"被实施"状态，这样一来，就大大降低了小学参与课程编制的主动性和积极性，小学不能及时根据自身的教学计划、课程结构、师资情况进行调整，适应教育结构改变的机动性较差。因此，劳动教育的实施效果就大打折扣。最后，小学中缺乏高质量的教师配置。根据调查，小学中担任劳动课程的教师大多为其他副课教师，这些教师普遍学历较低、相关的理论知识储备不够、缺乏相应的专业技能，很多教师并不能以专业的知识和饱满的热情胜任这一岗位。在"你不愿意担任劳动课教师的原因"调查中，60.42%的教师表示是因为薪资待遇较低，参与小学职称评定困难。由此可以看出，薪资职称的评定也是影响高质量师资队伍建设的主要阻力。总体来说，校内劳动教育资源的短缺，也是造成小学劳动教育实施成效低、见效慢的重要原因之一。

（四）考评机制不健全

根据本次调查发现，小学劳动教育缺乏相应的考核和评价体系。首先，在劳动考核上，大多数小学并未将劳动成绩作为小学生评优的标准，劳动考核大多"纸上谈兵"，并未深入实践中。教师只会在小学年度的综合评价手册上对小学生进行一个总体评价，且教师评语大同小异，缺乏对小学生个性特征的描述。劳动考核成为一种形式。其次，劳动评价缺乏相应的制度规定。在评价主体上，教师是第一位的，处于考评的中心地位，教师拥有绝对的话语权，小学生和家长较少参评。教师由于受主观倾向的影响，很有可能导致评价有失公允，这样就失去了评价本身的意义；在评价方式上，教师大多注重对劳动结果的评价，对于小学生的发展性评价则很少涉及。而且多以教师口头评价为主，对于小学生在劳动时的态度、个人劳动体验等方面也没有相应的记录，这在一定程度上打击了小学生的劳动积极性，小学无法及时获取小学生劳动情况的反馈，劳动效果大打折扣。因此，劳动教育考核评价体系的完善与否将直接影响小学劳动教育的实施。

五、家校间缺乏协同

（一）家校协同的缺位

从学生踏入学校开始，学生接受成人成才教育、提升个人知识能力的主要场所就从家庭变成了学校。当然，这并不意味着家庭对孩子的教育义务戛然而止，教育仅仅是学校的责任与义务，而是从以往单纯的家庭责任和义务变成了家庭与学校共同的责任与义务。自我概念理论也从侧面证明了这一点，其理论表示，家庭、校园与社会是孩子生活范围的同心圆，最内层的圆便是家庭，这也证明了教育孩子的义务不仅仅是学校应该担负的，更是家庭必须承担的。由于孩子一出生便是在同心圆最内层的生活范围中，也就是家庭中，所以家庭教育对于孩子的重要性显而易见。当一个孩子缺少良好的家庭教育时，就会变成我们俗话说的野孩子。据调查表明，原生家庭不幸的孩子可能误入歧途，可想而知，这样的家庭不可能为学校开展良好的文化教育、成才教育奠定坚实基础，相反地，在一个温馨有爱的家庭中成长的孩子，必然为学校实施劳动教育筑牢思想基石。当然，家庭教育只起到一部分作用，并不能让家庭承担孩子的全部教育，这其中必须有学校的责任，而且学校教育和家庭教育是不能分时分段进行的，必须相辅相成、通力合作才能达到教育孩子的目的，同时在劳动教育的理念与方式上也达成一致，才能够使"祖国的花骨朵儿"形成正确的劳动价值观，才不会因为基本劳动技能的缺失而被困在"温室花园"里，才能茁壮成长，只有这样才能实现使孩子成人成才的教育目标。

（二）家校沟通不畅

政治经济学原理关于"社会进步"和"人们思想发展"有这样的表述——经济基础决定上层建筑。随着中国发展进入新时代，人们的思想观念逐步发生变化，在重视教育的方向上迈出"一大步"，越来越多的家长越发重视孩子的教育，但是这样的重视与关注仅仅停留在应试成绩上，对于孩子的劳动教育缺乏重视，尤其现在的家长以"双减"教育的名义，把他们所谓的"影响学习"的劳动教育全部抛至九霄云外，使家庭教育越发淡化，这直接导致家庭与学校之间对于学生的劳动教育的沟通与交流越发减少，虽然现在还有不少学校依靠微信群这一单独方式架构起学校与家庭沟通的"桥梁"，但这个"桥梁"旁边立着"非应试作业不得通过"的字样，并且家长通过这个"桥梁"回复的也只有"收到"这一信息，很少有家长或者一线教师对于学生某一方面事情具体沟通，更别说对于劳动教育的沟通与交流。科举考试出现至今，人们把学习当作寒门弟子实现梦想的唯一手段，随着思想观念的逐渐深化，尤其是当今社会该思想波及更甚，家长无论在任何场合、任何地点都只关注自家孩子的应试成绩，其他方面事宜，家长从不询问，而一线教师也为了满足家长的要求，一味地重视学生的应试成绩，基本不会提及劳动教育，更有部分教师表示：劳动教育在家长眼里就是浪费时间，我们开展劳动教育甚至会被不通情理的家长责怪，这样吃力不讨好的活儿没人会干。因此，在这种恶性循环下，学生的劳动教育越发缺乏，劳动技能无法提高，劳动习惯无法养成。

正是因为这样的恶性循环，一线教师对学生实施劳动教育的可能性越来越小，与其学生家长间对于劳动教育方面的沟通也越来越少，家长对于这种情况，非但没有制止，反而回以赞成的反馈，导致家长与学校对于劳动教育的关注度越发降低。当然，并不能把所有家长都贴上"不明事理"的标签，部分家长还是意识到了劳动教育的重要性，但是这部分家长对于劳动教育的认知是片面的、是存在缺陷的，他们认为，劳动教育也属于教育，既然是教育，就只是学校的责任，与自己没有关系，所以在家庭中无须进行，这部分家长忘记了——父母是孩子永远的老师。相差无几，部分学校则把劳动教育的重担全部移交给家长，认为劳动是家长主导的，应该在家庭中进行，学校只负责文化课程的教学，这部分学校忘记了——学校不仅教书，更有育人的职责。

六、条件保障的缺失

（一）课程管理机制不健全

站在学校的角度去思考问题就会发现，建立健全且完善的保障机制是开展劳动教育活动抑或是其他任何活动的基础与支撑，没有完善的保障机制，就无法开展相应活动，换句话说，没有一所学校敢在没有劳动教育保障机制的前提下开展劳动教育，也没有一所学校的校长敢承担开展劳动教育活动时可能存在的风险。倘若学校中没有如语文、数学、英语等应试科目的保障机制，那么学校也不敢开展语文、数学、英语等应试课程，换言之，正是因为有语文、数学、英语等应试科目的保障机制，在学校中才有这些课程的存在。正是因为这些保障机制的存在，才能使得一线教师在开展这些课程时能够做到有条不紊，按照流程循序渐进地开展。同理即可知，当下劳动教育没有顺利开展，便是因为缺少劳动教育的保障机制。

现在没有建立健全劳动教育保障机制不是某一单方面原因导致的，而是缺乏多方面、多层次内容，其缺少的内容主要包含以下几个方面：

一是评价体系保障机制。这里的评价不仅是指对于学生的评价体制，也包含对于教师的评价体系。对于开展劳动教育的态度还停留在"鼓励开展"的阶段，没有对"如何开展""谁来开展""如何监督""谁去监督"等细节性问题展开评述。学校缺乏清晰的认识，不知道如何开展，没有将劳动教育实施情况纳入一线教师的考评中，随之引起的，便是一线教师不会把劳动教育纳入学生的考评中，甚至不会为学生开展劳动教育活动。另外，虽然一些一线教师能够开展劳动教育，但是因为没有参考案例导致一线教师无法对学生展开有效评价。

二是安全保障机制。近年来，校园踩踏事故时有发生，虽然部分踩踏事故不是因为开展劳动教育导致的，但是我们熟知，只要开展活动必然会存在一定的风险，那么如何规避风险，保证学生在校的安全是学校最重视的一点。俗话说生命是1，剩下的都是0，没有1，有再多的0都没有意义，所以，学校不能因为开展劳动教育导致学生自身安全受损。故此，学校在开展劳动教育活动前必须明确风险，进行危险源辨识，完成风险评估，而以上这些都是安全保障机制应该发挥的作用。正是因为缺少劳动教育方面的安全保障机制，学校出于学生安全的考虑，就会减少或者不进行劳动教育活动，避免发生安全事故。

三是经费投入机制。众所周知，任何活动都是需要资金支持的，劳动教育也不例外。虽然国家现在加大了对教育方面的资金投入，但是没有明确的制度来指导学校分配这些教育资金，对于资金的分配没有明确规范，另外，学校对于应试教育的支持力度较大，再加上学校其他方面的建设，导致学校对于劳动教育方面的资金投入只能一缩再缩，甚至没有。没有足额资金支持，也就不会有劳动教育的盛行。

四是监督管理机制。任何个人及组织都无法脱离督促而独自生存，没有监督或管理，会使学校及个人不按规章制度行事，使制度成为一张废纸，变得毫无章法，最终乱成一团。学校开展应试教育也好，开展劳动教育也罢，必须在教育部门的监管下实行，倘若没有监管，单纯依靠学校的自觉自律性，各行其事只会使任何行为都杂乱无章。劳动教育也是一样，必须在有监督管理的情况下才能有序开展，如果缺少对于劳动教育的监督管理机制，会让学校认为上级部门对劳动教育不重视，导致劳动教育流产。

学校在劳动教育机制各个方面的不足，造成了学校忽视劳动教育的必要性、劳动教育的实施困难、缺乏健全的劳动教育评估系统、劳动场所与工具比较单一等一系列问题。因此，缺乏劳动教育保障机制的情况下再站在学校的角度考虑，学校不积极开展劳动教育似乎也就成为必然。

（二）劳动教育保障不到位

根据调查结果可以发现，学校并没有严格地按照劳动教育课程标准的规定对学生开展劳动教育，也未能把它整合到学校的整体教学系统中。首先，学校长期忽视劳动教育课，使其在学校的运行无章可循，很难保证小学劳动教育在学校的正常组织与开展。其次，教育部门在制度保障方面依然有所欠缺，没有明确的制度规定。其一是未被纳入统一的教学体系进行管理，其二是缺少考核标准以及评价体系单一。另外，教育部门没有设立专门的人员来考察监督小学劳动教育开展实施的情况，课程管理不规范的问题依然存在。最后，劳动教育是需要充足经费的，但是现在的小学劳动教育无法得到足额的资金支持。实践劳动教育必须建立在实践工具、通行费用、实践场地租赁费等物质基础之上，正是因为劳动课所需要的专业教材、操作设备和活动场所等硬件条件没有得到足够的保障，小学劳动教育的实践才受到一定的阻碍。

第五章 小学劳动教育的意义

自古以来，随着社会的变迁，劳动虽然在内容和形式上发生了很大的变化，但是劳动对于人发展的作用却是亘古不变的。劳动不仅强健了人的体魄，创造了人类所需的各种物质资料，最重要的是劳动充盈了人的心灵。在对学生进行劳动教育之后，学生的劳动观念会得到一定的改观，可以逐渐掌握生活所必需的劳动技能，体验劳动带来的快乐和满足，这对日后走向未来社会的小学生来说具有基础性意义，同时，对小学生进行劳动教育也满足了当今时代对于培养全面型人才的要求。

一、培养全面综合性人才的本质要求

劳动赋予了小学生独特的生理和心理内涵。在生理上，劳动锻炼了小学生的生活能力，教会了小学生基本的生存之道，强健了小学生的体魄，满足了小学生从稚嫩走向成熟的身体要求。在心理上，劳动促进了小学生心灵的解放。比如，劳动对小学生语言及思维的培养，对小学生个体意识的启蒙，在劳动中培养小学生的合作伙伴关系以及勇敢、善良、独立等美好的道德品质。可以说，通过劳动，小学生基本可以获得满足自身各项发展的全部能力。教育家苏霍姆林斯基曾提到："劳动对于小孩子来说，不仅是获得一定的劳动技能和技巧，也不只是进行道德教育，还是一个广阔无垠的、惊人的丰富的思想世界。在这个世界里，小学道德的、智力的、审美的情感都会得到激发。"[1] 由此可以看出，劳动能丰富小学生的精神境界，在那里小学生的想象力和求知欲都会被充分激励。

从古至今，各种事例已经证明，世界上不存在劳动与教育相分离的情况，劳动与教育相辅相成，不可分割。世间所有的劳动都必须是一种脑力与体力、思维与情感、感悟与实践相结合的综合性实践活动。在这种活动过程中，小学生的各种能力，包括思维、认知、情感、合作等都会得以形成和提升，进而促进小学生个体健康的、全面的发展。正因为如此，劳动教育才如此迫切地需要实施，因为劳动教育具有其他各种教育实践活动在

---

[1] 苏霍姆林斯基. 给教师的建议 [M]. 北京：教育科学出版社，1999：28.

全面培养综合性人才方面所无法替代的先天优势。

二、实现德育综合育人功能的重要途径

在小学进行德育的目的，从本质来说，就是培养小学生良好的思想情感、政治观念和道德品质。随着时代的发展，德育的内容变得更具包容性，德育的实施途径也因此更加多样化。劳动教育日渐成为小学进行道德教育的特殊渠道。

综合来看，在劳动教育中培养小学生道德品质是小学进行德育的良好方式。在童年时期，学生的心灵和智力很容易受到外界思想的浸染，适当的劳动活动和劳动形式能够帮助学生保持自身美好的品质。同时，在一定程度上提高学生对周围世界的自信心和责任感。通过劳动活动，磨炼其身体，完善其人格。小学生通过自身的劳动实践，可以初步体会到同伴之间的合作关系，获得成功的体验。体力劳动和脑力劳动交叉进行，小学生在丰富劳动体验的同时，还可以感受自身劳动成果被认可的喜悦。长此以往，小学生的思维力和创造力势必会得到充分发展。可以说，劳动教育在某种程度上丰富了德育的内容，是小学德育的重要组成部分，也是进行德育活动的主要途径。通过劳动教育，小学生逐步认识到崇高理想的重要意义并促使他们向这一目标前进，在此过程中，他们将会形成主动的态度、乐观向上的精神，这也有利于德育目标的达成。

三、满足小学生内心精神需求的有效手段

劳动创造了社会所需的各种物质材料,无论是在中国古代的石器时代,还是在当今网络信息高速发展的新时代,劳动都是满足人类生存和发展需要的基本实践活动。劳动实践不仅创造了人类生活所需要的外在物质财富,同时赋予了人类精神生活的内在特殊涵义。劳动作为一种人类探索和认知外部世界的主要途径,随着时代不断发展,人类通过与外界进行交往和对话完成社会实践的对象性活动,最终探寻到人自我存在的价值和意义。一旦缺少了劳动实践这一重要环节,人的自我存在的意义就得不到充分的发展。同时,人的个性经验和认识世界的能力也将缺失。卢梭在《爱弥儿》中提到:"真正的教育更多包含在行动而不是说教之中,当我们开始生活的时候,我们就开始了学习。"❶

实践活动蕴含在生活中。可以说,生活与教育是同时进行的。对于小学生来说,劳动实践不仅可以提升小学生的动手操作能力,丰富小学生的生活经验,满足小学生对于客观世界的渴求,与此同时,恰当的劳动实践还有助于小学生自我确认,初步获得关于人内涵的概念,激发自身所蕴含的爆发力、创造力及发现能力。尼布尔曾说:"人性中并不缺少某种解决人类社会问题的能力,人的本性使人生来就具有一种使人与其同伴相处的天然联系;甚至在人与他人相冲突时,人的自然的本能冲动会使人去考虑

---

❶ 卢梭. 爱弥儿(上卷)[M]. 叶红婷,译. 北京:台海出版社,2016:16.

他人的需要。"❶

在新时代，劳动实践更应该注重培养小学生多方面的能力，小学教育更应该培养小学生在未来的生活和学习中所需要的基本劳动技能、劳动品德、劳动精神。当前社会，学校培养小学生的创造力离不开劳动实践，劳动活动是培养创新型人才的重要途径。因此，小学教育应更多地组织符合小学生自然天性发展的劳动实践，只有小学生真正地参与其中，小学生的创造性才有机会凸显出来。与此同时，教育性的劳动实践日益重要，否则，小学生只能获得身体上的劳动，精神上的意义就会缺失。劳动实践只有进入小学生内心的精神世界，其劳动才是有精神价值的，才是创造性的，这也是劳动教育的真正价值所在。

四、小学生从个体走向社会的中介环节

人自出生后就面临着走向社会的情景，也只有在社会中才能实现其成人的价值。劳动教育作为一种特殊的教育方式，是小学生成长历程中的重要一环，也是小学生从个体走向社会的基石。从小学生的全部素养形成看，只有让小学生从事带有必要实践成分的劳动，并通过亲身劳动，付出一定的体力，进而将这种身体上的负荷反馈到大脑皮层，身体上酸痛的体验才能让小学生真切地体会到生活的艰苦，劳动的效果到此才真正获得。杜威认为，"教育并不是一件'告诉'和被告知的事情，而是一个主动和

---

❶ 尼布尔. 道德的人与不道德的社会[M]. 蒋庆，等译. 贵阳：贵州人民出版社，1998：2.

建设的过程。"❶ 在劳动中，小学生可以体会生活中的酸甜苦辣，开始体验人与人之间、人与社会之间的联系，从这里逐步走向社会。因此，我们可以说劳动教育是促使小学生社会化的关键一步。在新时代，国家对人才的要求更加多元化，但毫无疑问的是，具有勇于担当、敢于创新精神的新时代青年仍然是我国实现复兴大业的主要支撑力，而想要具备这一能力，则离不开小学劳动教育这一基石。

　　劳动能够促进小学生快速成长，为小学生迈向未来美好生活提供磨炼的跳板。小学劳动的过程，也可以看作生活的过程。当小学生参加一定的劳动活动时，他们不得不思考如何进行劳动，劳动的先后顺序是什么，这将培养小学生的自我选择与自我独立能力，同时，他们也将思考如何与同伴进行合作，学习如何与人交往。在劳动结束后，小学生也将体会到分享的愉悦，自私和狭隘的心灵终究不会让小学生在生活中获得真正的幸福。劳动教育能够教会小学生如何生存。生存能力是小学生在迈向社会时所面临的第一大门槛，现代教育要求小学生首先要具备自我生活的能力。对于任何一个人来说，要想学会生存，劳动是第一项"手艺"。只有先学会这一技能，才能够继续面对以后的生活。对于处在成长时期的小学生来说，劳动教育能教会他们基本的劳动知识和技能，能够保障他们最基本的生存能力，使小学生能够在特定的年龄和阶段学会正确关照自己，甚至是关爱他人，进而培养小学生健康的人格。不管是在小学还是在家庭中，正确地开展劳动教育对于培养小学生的独立意识和团结协作的能力都大有裨益，这将为小学生走向未来社会搭建良好的桥梁。

---

❶ 陈建华. 基础教育哲学 [M]. 北京：北京大学出版社，2016：18.

五、生成小学生自我价值的路径

　　自我价值是小学生发展的动力,是小学生的主观精神的重要方面。因此,教育者在劳动教育中,要重视引导小学生实现自我价值。在劳动的过程中,小学生能够展现自我存在的价值。小学生的任何一项劳动,不仅是物质价值的创造,也是自身精神价值的体现,后者是建立在由于意识到自我精神上的提高,意识到自我的创造潜能而深感精神上的满足这个基础之上的。小学生通过参与创造性劳动,为自我、为他人、为社会作出贡献,这有助于小学生获得自我满足并体验自我存在的价值。自我价值的生成能够使小学生获得存在的意义,这是小学生存在的内在属性。

　　小学生在接受劳动教育的过程中,通过一定劳动成果的显现,有助于获得自我存在的价值。教育者在劳动中要引导小学生把劳动看作个人自我表现和自我肯定的重要方式,使每个小学生的自我价值建构在劳动成果的基础上。劳动成果是小学生内在力量的结晶,如何合理地看待它,将影响小学生的价值取向。教育者要引导小学生在自我享用劳动成果的同时,学会与他人分享,促进他人福祉的实现。小学生通过创造劳动成果为他人谋福利,在塑造自我与刻画现实世界的过程中,体验自我存在的价值。小学生获得自我价值的过程就是要成为一个对世界做出反应并改造世界的主体,这可以使小学生获得自我的更新,获得有意义的生活,因而,小学生认识世界与获得自我价值的过程是有机统一的整体。小学生接受劳动教育,也就是认识世界与改造自我的过程。在这一历程中,小学生经过自身的努力，收获了劳动的果实，在与他人分享的过程中，体验自我身心的愉悦，实现自我与世界的完美融合，感受自我存在的价值。总之，世界是开放和多元的，世界是人创造历史的舞台。小学生只有通过劳动，在与客观世界亲密接触的过程中，呈现一定的劳动成果，才能展现其存在的价值，最终，实现客观世界与小学生内在精神世界的有机统一。

小学生通过劳动体验他人的境况，在为他人服务的过程中，感受自我存在的价值。黑格尔认为："我在所有的人那里直观到，他们就其为自身而言仅仅是这些独立的本质，如同我是一个独立的本质一样；我在他们那里直观到我与别人的自由统一是这样的：这个统一既是通过我而存在的，也是通过别人自己而存在的；——我直观到，他们为我，我为他们。"❶ 我与他是关系的存在，我与他的相遇充实我的人生，通过他体现自我存在的价值。因此，在劳动教育的历程中，小学生通过与他人的碰撞、沟通、磨砺，获得自我价值的认同。可以说，小学生通过劳动创造他者，充实他者的幸福生活，他者的状况展现了小学的自我价值。黑格尔主张："个体满足它自己的需要的劳动，既是它自己的需要的满足，同样也是对其他个体的需要的一个满足，并且一个个体要满足它的需要，就只能通过别的个体的劳动才能达到满足的目的。"❷ 所以，小学生在他的个别的劳动里本就不自觉地或无意识地在完成一种普遍的劳动，同时，他还当作他自己的有意识的对象来完成满足他人的劳动；这样，他人就变成了他为其献身的事业的一部分，并且恰恰由于他这样献出其自身，他才从他人中复得其自身。小学生的自我价值就是在这样一个循环往复的过程中，通过与他人的互动逐步生成的。因此，小学生自我价值的获得与他人价值的认同处于有机统

---

❶ 黑格尔.精神现象学（上）[M].贺麟，王玖兴，译.北京：商务印书馆，1983:235.
❷ 黑格尔.精神现象学（上）[M].贺麟，王玖兴，译.北京：商务印书馆，1983:234.

一的状态。总之，小学生自我价值的生成需要长期的积淀，其不是一朝一夕的结果。它需要小学生在长期的劳动体验中，在自我逐渐的展开中，在为他人服务的过程中，慢慢去体会，细细去体悟，实现自我的超越，获得自我存在的意义。因而，劳动教育必须结合小学生的特点，赋予小学生相应的劳动机会，为小学生获得自我价值创设良好的平台。

小学生在劳动教育中获得自我价值，即是追逐梦想的过程。有时小学生很难区别梦和现实。因为每个现实起初都是梦，而每个梦都想使自己成为现实。的确，"信仰的力量创造现实，而现实要是不能唤醒梦的话，那么这现实便是像沙上的一滴水那样地死去的人生——一颗失去了发芽力量的种子。"❶ 梦与现实融合于小学生的心灵，小学生的心灵秩序是否和谐关系着梦与现实的转化。正如柏拉图所讲："安排好真正自己的事情，首先达到自己主宰自己，自是内秩序井然，对自己友善。"❷ 因而，在劳动中实现小学生内在秩序的和谐，有助于梦与现实的交替，有助于小学生获得自我价值。小学生自我价值的获得就是在追逐自我的梦想与现实的契合。但是，在劳动中，追逐梦想的旅途却充满艰辛与荆棘，因而，小学生必须通过劳动不断磨砺自我意志，战胜各种困难，这样才会体验到自我的力量，感受到自我存在的价值。所以，小学生只有善于努力劳动和知道什么是汗水、什么是劳苦、什么是幸福，才能实现自我的梦想，领略自我存在的价值。

总之，劳动教育的最高要求，就是要在小学生的心中树立起对待劳动的合理态度。劳动不仅是小学生的精神生活所必不可少的，也是多方面显示小学生的精神生活和精神财富的一个领域。因此，复杂而多样的劳动是小学生的主观精神成长不可或缺的重要教化力量，其对于培育小学生的

---

❶ 鲁多夫·洛克尔. 六人[M]. 巴金，译. 北京：生活·读书·新知三联书店，1985:123.

❷ 柏拉图. 理想国[M]. 郭斌和，张竹明，译. 北京：商务印书馆，1986:172.

心智，充实小学生的心灵以及化育小学生的精神有积极的教化之意。所以，教育者必须将小学生带入这神秘而快乐的劳动世界，使小学生在其中获得自我存在的价值，这必将有助于小学生认识自我、理解自我以及承认自我。

第六章 小学劳动教育的内容

　　劳动教育的精神若要贯彻到当前的教育活动中,显现在促进小学生的精神健全地成长的现实劳动中,就需要通过一定的形式。那么,小学生劳动作为小学劳动教育的核心,应当采取何种比较恰当的形式呢?这就需要结合现实认真思考。本书将探讨小学生劳动教育的特殊形式。

一、自我服务劳动

自我服务劳动是小学生劳动的比较基础性的形式。"自我服务，这是最简单的一种日常劳动，劳动教育一般都从自我服务开始，而且日后不管每个人从事何种生产劳动，自我服务都将成为他的义务和习惯。"❶小学生通过自我服务劳动的磨砺，可以培育自我生存的能力。在此基础上，可以帮助小学生探求公共的利益，这有助于小学生确立合理的需求观，进而逐步引导小学生实现自我利益与公共利益的完美契合。

自我服务劳动不只是为了自我的生活，同时，要关注他人的价值诉求，满足他人利益的实现。只有当小学生感受到他为人们所创造的事物的美时，他才会感受到美与丑的差别，劳动才会进入他的精神生活。自我服务，是培养小学生遵守规则以及对他人的义务感、责任感的重要方式。通过自我服务，小学生动手来满足一些个人需要，能够使其养成尊敬父母和他人的良好品性。另外，通过自我服务能够使劳动变为小学生愿意承担的普遍义务。自我服务不是自私自利的行为。小学生在自我服务的劳动中，必须尊重他人的权益。小学生生活的快乐、生活的幸福均是自我与他人共同建构的过程。只有与他人福祉很好地契合，才能获得属于自我的美好生活。如果没有这种感受，小学生的生活将是单一的、暗淡的以及缺少光泽的。

---

❶ 苏霍姆林斯基.帕夫雷什中学[M].赵玮，等译.北京：教育科学出版社，1983:425.

在关注他人存在状况的过程中,自我服务劳动能够帮助小学生养成尊重平凡劳动者的情感,同时,能够尊重普通的和以不引人注目的劳动为职业的人们。通过自我服务劳动,小学生明白劳动更多的是平凡的事情,不可能总是轰轰烈烈。劳动在平凡中存在,劳动不能逃离平凡的生活。人的现实生活更多的是由平凡的劳动所构成。在平凡中,人寻求自我的满足与欢愉。因而,通过自我服务劳动,小学生的服务意识能够增强、协作能力能够提高、生存空间能够拓宽。总之,自我服务劳动可以帮助小学生更加清晰地认识生活、体验生活以及获得生活的意义。

二、家务劳动

福禄培尔在关于劳动等各种活动的表述中,强调了劳动等各种活动的教育意义,并给予高度评价。他主张,家庭里的共同劳动和家庭成员之间的相互帮助是家庭共同生活的基础,同时,他认为,做事、劳动等各种活动是人认识自己的唯一途径。家庭作为小学生成长的根基,家庭的生活方式对于小学生的精神健康地成长有重要的影响。家务劳动作为家庭生活的重要构成部分,必须发挥其应有的教化作用,成为劳动教育的特殊形式,从而促进小学生的精神全面地成长。

小学生从事家务劳动的过程,是小学生展示自我内在心理的、真实的、纯粹的活动。家长要欣赏小学生的劳动,不应该消极而应积极地关注小学生的劳动。小学生对待劳动的冷漠态度和父母对他们的劳动成果的态度有关。常有这样的情况:小学生努力做成一件东西,也许是件送给父亲或母亲的礼物,他在这上面花了很多劳动,期待着父母的赞赏,可是他从父母那里得到的却不是赞赏，而是一种无所谓的冷淡态度。有时候，小学生在参加完一次很有意义的公益劳动愉快地跑回家，希望得到父母的认可，但是父母非但不和他们一起分享快乐，反而对他们采取冷漠的态度，甚至斥责他们，这种徒劳无功、毫无结果的劳动无益于呵护小学生的劳动热情。小学生如果看不到自己劳动的成绩，渴求劳动的火花就会熄灭，小学生的心中会结起冰块，在火花没有重新点燃之前任何办法也难以融化这冰块。小学生如果失去了对劳动的信心，父母再想使他接受劳动，的确是相当困难的。因此，父母要赏识小学生的劳动成果并给予积极的肯定。当小学生看到自我的劳动成果，看到自我为他人服务的成果，看到别人为他的劳动感到快乐时，小学生就会更加积极而愉悦地投入有趣的家务劳动中而不知疲倦，最终，将家务劳动作为自我精神生活不可或缺的重要构成部分。

家务劳动要有目的性。小学生在家里的劳动必须有明确的目的，家务劳动不在于形式，而在于其对小学生的内在心灵所具有的教化价值。家务劳动要着眼于小学生获得自尊，着眼于小学生获得自我价值感，着眼于小学生获得自我认同。否则，小学生必将渐渐地远离家务劳动，家务劳动的教化之意也将不复存在。家务劳动能培育小学生感恩的心，使小学生懂得父母为了创造幸福生活付出的辛苦，使小学生的情感获得丰富，使小学生的心灵获得开启。这种反复的强化，有利于培育小学生对于父母的义务、责任与深情，能够营造良好的家庭环境，从而促进小学生身心全面地发展。因此，教育者要根据小学生的性格特点，有针对性地为其安排家务劳动，从而引导小学生逐渐地喜欢从事力所能及的家务劳动。

家务劳动要体现教育性，只有这样，才会激发小学生对家务劳动的热情，培植小学生的责任心。反之，如果小学生不明白他们劳动的价值何在，那么，他们对待劳动的态度就会冷淡。常常有这样的现象，小学生拒绝做不需要的东西，为了劳动而劳动必将导致小学生在劳动中无法获得一种成就感，所以家务劳动必须具有教育性。劳动的结果必须使小学生获得他们内在所需要的和有教化意义的东西。卢金认为："小学生如果发现自己白白地劳动了一番，任何人都不需要他所制成的东西，这就会引起他们对自己的和别人的劳动采取消极态度。我们曾观察到，小学生对待自己劳动的不同态度，乃是父母对他们本身的劳动所抱的态度的结果。"❶ 因此，我们不允许家长把小学生做好的东西抛弃，或者周围的人对小学生的劳动成果不予以重视。否则，这种做法必将打消小学生劳动的积极性，小学生的内心必将无法获得对劳动价值的认同。渐渐地，小学生就会偏离他的正常发展轨道，不再喜欢家务劳动，而是学会了看眼色行事，将做家务劳动当作获取好处的手段，这不是家务劳动题中应有之义，必将导致小学生的心理扭曲。因此，小学生必须感觉到自我的劳动成就，他们才会产生劳动的愿望。没有目的、没有远景的家务劳动是最繁重、最折磨人的劳动。目的明确、有远景的家务劳动会给小学生带来快乐。如果家务劳动失去了远景和社会意义，那么它就会变成苦役。具有教育意义的家务劳动能够培育小学生良好的、良善的意愿，所以，成人不能把自己的意志强加给小学生，不能对小学生所进行的家务劳动无动于衷，而要尊重小学生本人的意志力量，欣赏小学生的行动。只有这样，小学生才能产生对家务劳动的积极情感，才会积极地投入家务劳动中，因而，家务劳动要赋予小学生自由的时间和空间。总之，具有教育性的家务劳动可以帮助小学生体会父母的不易，体验劳动的价值以及感知生活的意义。

---

❶ 卢金.劳动在学生个性形成中的作用[M].黄恢望，译.上海：新知识出版社，1995:13.

三、班务与校务劳动

班务劳动是指班级平时的劳动事务,如扫地、打水、擦玻璃等日常性的劳动。校务劳动是指小学生参加学校组织的劳动活动,如美化校园、植树、除草等活动。班务与校务劳动可以激发小学生的劳动热情,培养小学生劳动的意识,进而引导小学生逐渐地认识到劳动的意义。此外,在此类劳动中,教育者通过引导小学生为他人、为集体服务,可以增强小学生的集体意识,培育小学生的荣誉观念,使小学生逐步由自我走向他人,由个体走向群体,从而丰富小学生的心灵,充实小学生的精神生活。

班务与校务劳动不能以报酬的形式来组织,应该是义务性的,是小学生自觉的行为。在这类劳动中,教育者要强化小学生间的合作、协商以及对话,进而使小学生学会关心、学会宽容、学会理解。这有助于培育小学生积极的情感,引导小学生逐渐热爱劳动,最终将劳动作为自我精神生活的重要构成部分。

班务与校务劳动的开展能够调节小学生的学习生活,丰富小学生生活的多样性,从而为小学生更好地投入知识学习中注入无限的活力。但是,我们所强调的班务与校务劳动不能过度,必须在保证小学生学习时间与空间的前提下实施。在这类活动中,小学生能够逐渐明确自我的义务,承担自我的责任,这有助于小学生深入更广阔的劳动领域,走向未来的社会生活,丰富自我的精神生活。

四、简单生产劳动

小学生在领会劳动的社会意义之前必须明白,没有劳动就不可能生活。劳动能带来幸福的生活,能丰富自我的精神世界。因此,在当前劳动教育实施过程中,教育者必须引导小学生深入田间、地头;走入工厂、车间,使小学生从事简单的生产劳动。通过现实的劳动操作,教育者要引导小学生了解周围生产环境中的种种劳动过程,并从中挖掘具有教育意义的素材,从而使小学生了解物品的生产程序,懂得劳动的社会意义和创造意义。同时,在进行简单生产劳动过程中向小学生阐明,他们正在为社会和他人创造物质财富,正在为公共福祉的获得做贡献。通过劳动成果的肯定,小学生能获得自尊感、自我价值感以及荣誉感。通过反复的强化,劳动必将成为小学生乐于参与的活动,成为促进小学生精神全面成长不可或缺的重要教化方式。

在领悟劳动的社会意义的过程中,将小学生引入简单的生产劳动,使小学生使用成人的生产工具。这就要求供小学生使用的器具、机械、工具必须适合其年龄特点,符合小学生劳动的条件。通过参与简单的生产劳动,运用相应的生产工具,小学生提高了自我简单生产劳动的素养,而且发展了思维。同时,运用现实的生产工具的过程,也有助于培植小学生对于生产劳动的兴趣,开启小学生的智慧,陶冶小学生的心性。因而,适度的简单生产劳动可以引导小学生感受成人生产劳动的特征,帮助小学生理解广泛的现实社会活动。

在小学生体验生产工具的过程中，教育者必须引导小学生认识在劳动中有一种比获得满足物质需要的产品更重要的东西，即精神创造以及自身才能和天资的发挥；认识到人类自身的智慧与伟大，感受作为人而存在的价值与意义。小学生从事简单的生产劳动，不仅是为了学会做工，也是为了创造物质条件，这有助于小学生更好地投入较复杂的、具有丰富智力活动内容的劳动中。教育者在将小学生引入简单生产劳动的历程中，要使小学生的劳动尽可能多地越出学校的圈子和学校的利益之外，使小学生在自由的劳动历程中，感受到自己已经成为社会生活的参加者和创造者，从而更加积极、主动、热情地投入广阔的生产劳动中而不为物欲所牵绊。简单生产劳动有助于发展小学生的思维，开阔小学生的眼界，增长小学生的才干。简单生产劳动有助于小学生了解生活所必备的一些物品是怎样创造的，是如何获得的。简单生产劳动主要是让小学生通过体验，了解生活的构成，感受生活的不易以及领会生活的意义，从而使小学生懂得生活、理解生活、珍视生活。

另外，小学生通过参加简单生产劳动，能够产生一定的物质成果，获得个人劳动的报酬。他们把报酬奉献给自己的父母、奉献给他人、奉献给社会，这必将有助于培育小学生对父母、对他人、对社会的责任感；有助于培育小学生的义务感；有助于养成小学生的使命感，从而引导小学生在为人类创造福祉的光辉劳动中，获得自我身份的明晰、自我价值的认同以及自我存在的意义。

五、学习性劳动

学习性劳动是指通过劳动去学习，劳动是更重要的学习。其首要目的是掌握知识、技能、技巧，而另一些形式化的劳动所追求的则是形成空泛的道德规范、概念以及信条。但是学习性劳动本身，却以感悟、掌握、操作为主要目的。在掌握科学知识和劳动技能的过程中包含世界观方面信念的形成，因而，小学生在学习性劳动中也在接受教育。在实践性、操作性、体验性的学习性劳动中，小学生能够获得关于客观世界的知识，积累认识世界的经验。

学习性劳动不只是操作性的认识，同时也强调创造。在接触芳香的泥土时，在认识神奇的自然规律时，在感受多彩的生活时，小学生感悟着劳动的魅力，体验着世界的美好，创造着幸福的生活。学习性劳动不只是单一的知识、技能的积累。小学生在学习知识、掌握知识的同时，也要涵养自我的精神世界，以体现学习性劳动的内在意义。学习性劳动不是指智力活动的劳动化，它强调的是现实的劳动操作，将劳动作为小学生的发展方式。这种与客观世界接触的劳动是小学生的学习方式，同时，对于小学生理性能力的涵养、美感的培育、心智的塑造，都会起到积极的作用。

学习性劳动不只是体力劳动，而是体力劳动与思想活动的完美结合，这样才能促进小学生内在心智与外在身体的和谐发展。但是，此处的学习性劳动，强调的是实际的做，小学生通过做认识广阔的世界，积累生活的经验。总之，学习性劳动不是强调智力性质的学习，更多的是通过现实的实践感知，推动小学生内在精神的呈现，以实现小学生的心灵与外在客观世界的完美契合为归宿，促进小学生精神世界的丰满，实现小学生的全面成长。

六、工艺劳动

工艺劳动，是培育小学生审美能力的劳动类型。小学生通过工艺劳动，创造有用之物，同时，又是美的创作。"美——乃是善良和热忱之母。"[1]美是个性鲜明、道德纯洁和体魄健全的有力源泉。工艺劳动能够引导小学生去感受周围世界的美妙，并通过对美的领悟去感受精神的无畏、执着与真诚，从而以此为基础，去感悟美的意涵，去探寻美的形式，去追寻美的价值。例如，陶艺可以作为开发和培育小学生创造性思维的方式。陶艺形态和制作方法的实施过程是多变的、开放的、生动的，其体现了物质与精神的双重性。从小学生玩泥的天性开始就已经显示陶艺的乐趣与人类心灵情操培养的自然关系。在制作陶艺的过程中，小学生的情感获得涵养，小学生的思维获得磨砺，小学生的审美力得到培养。

工艺劳动能够引导小学生去理解大自然和社会关系中的美。工艺劳动可以帮助小学生将发现的美呈现为实体，同时，将外在的美融入自我的精神世界。周围世界存在的以及人们为他人创造的一切美好事物，都可以让小学生的心灵触及到，并使它变得高尚。只有这样，工艺劳动的教化价值才会获得显现，小学生的心灵才会获得无限的滋养。在此基础上，教育者

---

[1] 苏霍姆林斯基. 帕夫雷什中学[M]. 赵玮，等译. 北京：教育科学出版社，1983:438.

也可以将工艺劳动拓展到小学生自身和社会生活领域。引导小学生领悟人间的真、善、美。小学生的审美素养的提升和情操的陶冶,都将从感知和认识美开始。美是道德财富的源泉,是人性的源泉。人类所创造和我们如今仍在创造的一切精神财富,在一定程度上,都可以进入小学生的心灵。因而,在工艺劳动中,教育者要在小学生塑造美丽事物的过程中,引导小学生去感知美、发现美以及创造美,从而实现小学生自身的对象化,将小学生美丽的心灵展现出来。在呈现的历程中,引导小学生感受创造之美。在创造美的过程中,小学生可以感受劳动的快乐,丰富自我的精神生活。总之,工艺劳动是体验美、展现美以及创造美的历程,这一历程可以使小学生变得自然、变得纯粹、变得高尚。

七、公益劳动

公益劳动有助于充实小学生的劳动素养,培育小学生的道德品质,加快享受社会劳动的幸福和快乐。小学生通过公益劳动,能够展示自我美好的心灵,体验作为公民的自豪感以及领悟作为一个社会人的意义。

公益劳动为培育小学生的社会性创造了极其有利的条件。公益劳动的社会意义使小学生对劳动心向神往,小学生通过参加公益劳动能够培养极其高尚的社会品质。公益劳动能够帮助小学生实际应用在课堂上获得的知识,能够拓宽小学生的眼界,给他们揭示出在学校里不可能感受到的生活的各个方面,因为知识教学往往不能使小学生认识现实生活中的各种问题。因而,教育者要为小学生创造更多参与公益劳动的机会,拓展小学生的生活空间,引导小学生积极地投入为社会创造福祉的劳动中。只有非常关心社会整体利益的小学生，才会明确自我的责任感和使命感。因此，公益劳动就是要引导小学生去做对社会有益的事，例如，义务参加社会劳动；为社区服务；积极参加敬老、爱老活动。为了社会，为了未来的公益劳动，能够涵养小学生的德行，陶冶小学生的心性。所以，教育者不应该使小学生过度地参与有报酬的劳动，这将误导小学生的心理，可能造成自私、贪婪、狭隘的品性。苏霍姆林斯基认为："一个学生在用自己的劳动挣得第一次工资之前，应该大量经历为社会创造物质财富而无报酬劳动的精神体验。"❶ 小学生在参与无报酬劳动的过程中，享受着现实的生活，体验着为他人服务的快乐。同时，小学生在参加公益劳动的过程中，既丰富了自我的头脑，又开阔了自我的眼界，还涵养了自我的德行。通过公益劳动，小学生不再抽象地认识自然和社会规律，而是渗透着人类的情感。带着丰富的情感，小学生在自己的实践活动过程中，掌握了这些规律，最终，将其内化为自我心灵的养料。公益劳动有助于小学生在实践中体验理论知识的价值，把理论知识变成蕴含意义的知识，从而把它们和生活结合起来，这可以帮助小学生在今后的学习中自觉地掌握理论知识。公益劳动能够引导小学生逐步走上研究和寻求的道路，走上全面发展他们的兴趣、爱好和能力的道路。

教育者可以通过家庭和学校培育小学生对公益劳动的需要。当小学生看到周围人对公益劳动的需要和从事公益劳动的愿望时，小学生就会积极地投入公益劳动中，并且逐步意识到他们的劳动是有益的，是受人们重视的，从而体验奉献的价值，感悟公益的意义。因此，必须鼓励小学生积极地参与公益劳动，支持他们对从事公益劳动的意向，使小学生在公益劳动中体会奉献的快乐与满足。正如苏霍姆林斯基所讲："千百件事实——活

---

❶ 苏霍姆林斯基. 帕夫雷什中学[M]. 赵玮，等译. 北京：教育科学出版社，1983:363.

生生的事例,向我们说明:一个人在童年、少年和青年时期在为社会的无酬劳动中付出的力量越多,他就越会关心看来似乎与他个人没有直接关系的事。"❶ 因此,在劳动教育过程中,必须多创造小学生参加公益劳动的机会,从而将小学生引入德行教化的空间,使小学生通过公益劳动的体验,趋向自我恰切的人生目标。小学生要善于为自己制定大大小小的目标,并加以实现。如果小学生力求达到的目标很明确,如果他们清楚地看到自己劳动的益处,那么,他们的劳动热情就会被激发出来,他们的劳动态度也会有所改变。因而,公益劳动不能形式化,否则,其内在的意义就会丧失,必将导致小学生陷入人生的迷途,性格扭曲。

教育者要积极鼓励小学生参加具有各种社会意义的劳动,力求使那些最能清楚地显示自我存在价值的劳动,尽早地进入小学生的精神生活世界,这对于小学生获得作为人而存在的价值和意义会产生积极的影响。同时,教育者必须懂得,适度的劳动,不管它多么无趣和笨重,都具有丰厚的教化之意。作为劳动教育,必须力求积极挖掘这一内涵,从而引导小学生在其中享受生活的乐趣,使自我精神健全地成长。总之,公益劳动是无报酬的劳动,是不求所得的无私奉献。只有通过这样的劳动,小学生才会懂得他们免费从社会享受到的福利的劳动价值,才有助于培育小学生无私的心、感恩的心以及善性。

---

❶ 苏霍姆林斯基.帕夫雷什中学[M].赵玮,等译.北京:教育科学出版社,1983:363.

第七章
小学劳动教育评价

一、小学生劳动素养评价的原则

（一）科学性

科学性原则，即围绕现实背景，以科学思想为指导，以理论依据为支撑，建构满足当今时代需求、遵循小学劳动教育教学规律、符合小学劳动素养评价体系的原则。[1]科学性原则是评价的基础性原则，决定了评价是否能够合理运用于小学劳动教育中。科学性原则体现在避免空洞的论述与虚幻的想象，应该在符合客观实际的基础上选择正确的方式得出可靠的结果。因此，科学的评价需要注重评价过程的科学性与评价结果的科学性。

首先，评价需要考虑小学生的动态发展，重视过程的科学性，即实施科学的过程性评价。要按照小学生的成长规律对实践进行合理规划，从而对每一阶段的实践进行评价。实践本身具有过程性，过程性评价是对小学劳动教育实践价值的呈现。第一，过程性意味着将评价渗透于小学生的发展，以建构主义理论为基础，呈现出"动态化"模式，关注小学生能力变化的动态发展过程。每项能力都有其发展的进度，多元评价避免将其统一化，促使针对性"追踪式"评价记录的形成。第二，过程性强调及时，正如加德纳所说的"评价具有及时反映事情本质的特点"[2]，对过程中遇到的问题及时发现、及时分析、及时处理。第三，过程性注重完善，过程性评

---

[1] 秦超.小学劳动教育评价体系研究[D].曲阜：曲阜师范大学，2021.
[2] 霍华德·加德纳.多元智能[M].沈致隆，译.北京：新华出版社，1999.

价在小学生的劳动过程中具有覆盖性，以此来填补评价死角，会将潜隐问题发掘出来进行剖析，在解决问题的过程中改进评价方案，从而对评价体系进行完善。过程性强调的是全面与长期，怀特海提出的动态共生活动即体现了过程的本质内涵，存在不是为结果而存在，而是体现在过程本身，正是因为有过程，存在才变得有价值。因此，过程才是小学生应该去经历与体验的，不被结果限制生活的意图。❶

其次，评价需要重视结果的科学性。第一，使评价结果以数据的形式存在，容易直观评价小学生的劳动素养具备或缺乏哪些要素以及各要素所占比例。小学生可以通过查询数据对自身劳动素养进行评判从而分析优缺点，进行针对性弥补，教师也可以通过数据了解其劳动素养的具体情况。第二，对评价结果进行细化处理，分类整理与筛选，避免造成"大杂烩"现象。小学生劳动素养中的要素多元呈现，是对小学发展的细化要求，促进小学以此作为提升自己的标准，同时，以研究对象的特点作为实施导向是遵循科学性的表现。

（二）全面性

全面性原则，即从全方位视角对小学生劳动素养进行剖析，综合考虑各方面要素。❷小学生劳动素养评价的全面性主要包括评价方法全面、评价主体全面、评价内容全面。第一，评价方法全面，不仅需要采用文字描述进行评价，还对其进行数据上的分析，同时要在教学前对他们进行初步了解的评价，在教学中对他们进行过程性评价，在教学后进行总结与反思，评价不仅要注重评价结果，更要注重长期的过程。评价中还要注重学生的显性与隐性、显性行为与隐性思维相配合，促进学生手脑并用。第

---

❶ 金一鸣，刘世清. 基础教育评价研究 [M]. 上海：华东师范大学出版社，2011.

❷ 李家邦. 小学劳动素养测评模型建构 [D]. 重庆：西南大学，2021.

二,评价主体全面。评价不仅是教师对学生的评价,也可以是学生与学生之间的评价,还可以是学生自我评价。第三,评价内容全面。评价内容主要包括小学生劳动素养的各方面要素,主要有劳动价值观、劳动知识、劳动意识、劳动能力、劳动情感、劳动意志六个要素。对这六个要素进行分析,劳动价值观主要体现小学生的理念与观点,劳动知识体现小学生的精神与内涵,劳动意识体现小学生对劳动的主动程度,劳动能力体现小学生的实践与创造能力,劳动情感体现小学生对劳动的热爱程度,劳动意志体现小学生对劳动的坚持程度。在初步预设的基础上,还要通过实践调查的方式加以补充与筛选,做到真正的全面。同时,每个方面所包含的具体内容需要多角度分析,避免笼统处理,要明晰每个指标之间的界限,清晰区分每个指标,避免混淆其中的意涵,在辨别清楚的基础上进行剖析,使每一要点均有对应的评价。

(三)可行性

可行性原则,即所构建的指标体系能够运用到真实的教学实践中,并且有效促进劳动教育目标的实现,同时要对实际情况进行规划,避免形成纸上谈兵的局面,确保评价体系符合小学劳动教育教学体系。可行性原则主要体现在评价体系以小学生身心发展规律为依据,充分考虑不同学段小学生的特点,通过对学段进行划分满足不同学段小学生的评价需要,以促进小学生劳动素养评价的有效实施。因此,在建构评价时需要考虑小学生的现实状况,了解普遍的资源状况,以及与教学目标相对应,使评价能够运用于教学实践中。其中最需要注意的是小学生的现实状况,不同学段小学生有所区别,低学段与高学段的小学生具备劳动差异,要根据不同的特点设置评价内容。普遍的资源状况作为基本条件也是需要考虑的要素,不高估或低估小学生的劳动素养培养效果,设置符合资源背景的评价内容。教学目标是评价内容的导向,劳动教育以教学目标为主线,与教学目标相对应的评价对劳动教育教学起到辅助作用,确保其实现可行性。

(四)导向性

导向性原则,即评价实施之后能够得到可以推进小学劳动教育教学发展的评价结果,对此,评价需要注意几方面。首先,评价要具备合理的依据,避免盲目定论,应该在理论评估与实际测量中将评价结果的准确度最大化。同时,需要使用具有信度和效度的评价工具,对小学生的发展趋势和实际状况展开过程性的定量评价方法。例如通过问卷法、访谈法、观察法对小学生进行及时调查、直观观察、主体反馈等。其次,要对评价时间做出规划,精准把控最佳测量时间点,做到科学合理,避免评价使小学生产生压力感,将正常的评价操作异化为"监控"。例如以周、月、季为周期进行测评,与学生的生活周期相适应,可以缓解小学的紧张感,同时要避免将在不规律时间节点的随意调查结果作为评价内容。最后,评价要以小学的自身情况作为背景,尊重小学的个体差异性,避免将集体整齐划一、笼统模糊地作出评价,引导小学生向需要的方向发展。因此,评价要遵从导向性,在评价的指引下有效促进小学生的发展。

(五)发展性

发展性,即遵从小学生的发展、小学劳动教育教学的发展以及评价自身的发展,从而实施评价。遵从小学生的发展体现在把握好实然与应然的差距,既能够将小学生劳动素养的实然现状显现出来,又能够为其指明合理的应然方向,使评价推动小学生的成长与发展。遵从小学劳动教育教学的发展体现在评价要对小学劳动教育教学提出建设性建议,小学劳动教育的发展离不开问题的解决。利用碎片时间处理只能解决教学过程中遇到的临时问题,系统的问题必须通过完善的评价体系发现与解决,只有发展视角下的评价才能为小学劳动教育教学提供指导性建议,为小学劳动教育教学施加动力。遵从评价自身的发展体现在评价要在探索中不断修改与完善。小学劳动素养的评价对象是处于发展中的学生，为了促进小学生成长为全面发展的人，小学劳动素养评价理应以发展性为导向，为小学生提供平台与路径，实现小学生的全面成长与多元发展。

（六）阶段性

阶段性，即不同学段采取符合该学段学生特点的评价内容进行评价，评价指标具有层次性和区分度。层次性体现在低学段评价指标与高学段评价指标具有层层递进的性质，由简单到复杂，由浅层到深层。区分度体现在低学段评价指标与高学段评价指标在同维度一级指标中分支出不同的评价内容。为避免整齐划一的评价指标造成的笼统和片面，在对小学各阶段状态进行分析的基础上，本研究将评价指标分为小学低学段小学生劳动素养评价指标和小学高学段小学生劳动素养评价指标。低学段的评价对象为一至三年级的小学生，高学段的评价对象为四至六年级的小学生。通过阶段性评价记录不同学段小学生的成长与发展，阶段性评价指标为提高小学生的劳动积极性提供动力保障，促进小学生向指标内容指引的方向塑造自我，全力提升劳动素养。

二、小学生劳动素养评价的依据

（一）政策依据

2015年7月24日，教育部发布的《关于加强中小学劳动教育的意见》指出，要在劳动教育的贯彻落实中培养中小学生的劳动素养，通过劳动教育带动小学生多素养的全面发展，以劳动素养为核心，促进中小学生多元发展，并且要将监督工作落实到各个学校的教学活动中，做到真正的实施。2020年3月20日，中共中央、国务院发布的《关于全面加强新时代大中小学劳动教育的意见》（以下简称《意见》）指出，要完善劳动素质评估体系。把学生劳动素养作为学校的综合素养测评系统，提出评判准则，形成激励机制，通过组织实施学生劳动技术比赛和劳动成果展览、劳动竞赛等活动，全面客观记录学生课堂内外劳动过程与成果，并强化对实际学生劳动技术能力与价值体认情况的考评。2020年7月7日，教育部最新印发的《大中小学劳动教育指导纲要（试行）》（以下简称《纲要》）明确提出，劳动教育的主要目标就是满足中小学生未来发展的工作需要、生活需要、心理需要、能力需要等多方面诉求，最重要的是要使中小学生保持正确的精神面貌，以积极的态度面对劳动，面向未来。把学校劳动素质检测作为教育质量监测、职业院校质量评价和普通高等院校本科质量评价的重要抓手。2020年10月，中共中央、国务院印发《深化新时代教育评价改革总体方案》（以下简称《方案》）。《方案》指出，我国将建立全国义务教育学校办学质量评估标准，进一步健全全国义务教育质量监控机制，强化检测成果使用，以推动义务教育的高质量均衡发展，其中要加强劳动教育评价。

（二）现实依据

社会发展经验作为实践性与预见性并存的历史成果，能够为当下的小学生劳动素养评价提供现实依据。人类社会具有悠久的历史，劳动的存在促进人类的发展，从四肢着地到直立行走，从单一行动到使用工具，从毛坯房屋到高楼大厦，从飞鸽传书到互联网科技，无一不是在劳动中实现与完成的，这是劳动赋予人类的价值与意义。❶因此，劳动者只有具备丰富的劳动素养才能建立丰功伟业，做出推动社会发展的成果。历史悠久的著

---

❶ 吴亦仙.高校思想工作实践与研究[M].福州：福建教育出版社,1994.

名建筑不仅凝视着劳动人民的智慧,更蕴含着丰厚的情感与意志,科技的创新代表着高超的劳动能力,一切的起源都离不开劳动意识,而每一段进步都证明了人民劳动价值观的稳固存在。

当今世界正处于百年未有之大变局,我国正处于社会主义发展阶段,因此非常重视对于小学生开展劳动教育,丰富小学生的劳动素养。随着时代不断发展,人们对于劳动的需求也在不断提高,相比于最初简单的体力劳动,互联网时代开始追求创造型劳动,这对于劳动素养的要求有所提高,只有具备较高的劳动素养才可能超越现实,实现新的飞跃,因此,社会发展对人才需求的变化在一定程度上影响劳动素养的评价。

(三)主体依据

首先,小学生劳动素养评价要以其自身需求为评价依据。小学生在成长过程中需要全面发展。全面发展的体现包括与劳动相关的多种要素,并且以劳动素养为核心展开,逐渐扩充到各个方面。从实现小学生的全面发展角度考虑,小学生劳动素养评价体系需要围绕小学生全面发展所包含的劳动素养目标进行设置与展开。所以,只有具备真正的劳动素养,才能实现自身能力的全面发展,而劳动素养是以全面发展要素为依据针对小学生实施评价。

其次,以小学生自身特点为依据进行建构,不同年龄段的小学生思维存在差异性。根据皮亚杰的学生认知发展阶段,低学段的小学生处于具体运算阶段,该阶段的小学生已经初步具备思考能力,能够发现遇到的问题并且产生解决的意识,但由于思维不够成熟,仍需要具体事物作为支持。高学段的小学生处于形式运算阶段,该阶段的小学生思维发展水平接近成人,不被眼前内容束缚想象,能够在抽象中思考解决问题的方法,以更宽广的视角面对问题。因此,小学生劳动素养评价要考虑不同学段小学生的特点进行评价体系的建构。低学段的小学生处于成长初期,思维初步形成但尚未健全，仅需要掌握思想层面的劳动内容，例如劳动价值观、劳动知识、劳动意识、劳动习惯、劳动情感。而高学段的小学生已经逐渐成熟，需要体验深层次劳动以学会如何真正地劳动，例如劳动能力、劳动意志和劳动精神等。

三、小学生劳动素养评价的内容

（一）劳动价值观

劳动价值观是指人头脑中所呈现的对劳动的观念映像，以及与其他要素相关联时对劳动价值的概念认识；是人们内心对于劳动的价值衡量，以及对劳动与自身交互关系的认识。劳动价值观是劳动素养的核心，内隐于小学生的生存理念中，体现的是小学生对劳动的认识，是存在于小学生头脑中的劳动观念与劳动思想，劳动价值观的内隐性使其得到评价的关注，其显现的价值不可忽视。❶ 此外，劳动价值观是劳动行为的导向，良好的劳动价值观能够促进小学生做出正确的行为选择。小学生作为未来的社会主义建设者，理应树立社会主义背景下的劳动价值观。何为社会主义背景下的劳动价值观，潘锦棠在《劳动与职业社会学》中提出，对劳动保持热爱，以光荣的心态对待劳动，摒弃对劳动的偏见，在劳动中合作创新，在劳动中实现成长，全心全意为劳动建设服务，享受劳动带来的乐趣。❷ 其主旨在于以"劳动光荣"作为行为理念，对劳动价值给予充分的认知与肯

---

❶ 陈静. 新时代劳动教育评价的三重逻辑 [J]. 中国考试，2021（12）:10-18.

❷ 潘锦棠. 劳动与职业社会学 [M]. 北京：红旗出版社，1991.

定，承认热爱劳动者的光辉形象，并将理念映射到个人行为与集体服务中。"以辛勤劳动为荣，以好逸恶劳为耻"是当今社会劳动者应该具备的精神，是劳动者对自己作为人的要求，是人类社会进步与发展的精神保障，是"全心全意为人民服务"的精神体现。❶因此，以劳动价值观作为评价点，有利于扩充善端。了解小学生在心理上对劳动的感知与理解，同时对小学生的劳动价值观有所改善与发展。根据实际情况进行针对性分析，可有效填补小学生的观念空缺。

1. 评价原因

（1）劳动价值观属于时代需求

劳动价值观反映社会发展的需求，通过大环境背景影响学生向其期望的方向发展。劳动价值观是劳动教育的导向，通过指引学生的理念与观点，在意识范畴层面影响学生朝着社会期望的方向不断成长与进步。新时期背景下劳动价值观也在不断地进行革新，抛除旧理念、旧观点，促使学生成长为新时代发展的接班人。❷因此，劳动价值观在劳动教育中应该被视为首要重视的要素。劳动的价值在人类从四腿着地的猿到直立行走的人的过程中一直被见证，正所谓"劳动创造了人本身"。因此，劳动的价值具有无限性与创造性，人理应意识到在劳动中能够学会生存的本领，在劳动中能够获得生存的价值，在劳动中能够体悟到素养的内涵，在劳动中能够发挥自我主动性。将劳动的价值输入每一位劳动者的内在意识中，形成正确的劳动价值观，从而外化为促进社会发展的劳动行为。

（2）劳动价值观是劳动教育的核心目标

劳动价值观是劳动教育的核心目标。檀传宝认为，劳动价值观是劳

---

❶ 高奇. 学点人文 公众人文社会科学素养简明读本[M]. 青岛：青岛出版社，2013.

❷ 孙嘉明. 劳动价值观的世代差异[J]. 社会科学，1994（4）：52-56.

素养中最重要的要素，虽然劳动素养包含多种内容，但是都远不及劳动价值观的作用重大。倘若把劳动教育比作一辆车，劳动价值观就是它的发动机，只有通过劳动价值观才能推动车向前行驶。同时，劳动价值观具有导向作用，能够带领整体走向正确的方向，使学生为社会主义建设服务，为自我成长和群体生存打下坚实的基础。[1]李珂、曲霞提出，新时期加强劳动教育的紧迫任务是充分发挥劳动的教育价值，构建以劳动中的真善美知识为基础，德、智、体、美、劳有机结合，使劳动教育体系更具活力，集中其他四育的能量作为自身发展的动力。同时，使劳动教育更具有人文精神、人文意识，对小学生的发展的促进更具有人文情怀，保障小学生的健康成长。通过劳动教育，使小学生得到全面塑造。[2]将劳动行为升华为促进小学生发展的专业平台，是培养小学生劳动价值观的有效途径。劳动价值观在劳动教育中会被有效输送到受教育者脑中，逐渐内化于受教育者的心中，进而外显于受教育者的行为中，达到体脑心均受到劳动价值观影响的目的，最终，使小学生成长为能够适应社会需要的新时代劳动者。

（3）劳动价值观影响小学生未来职业

劳动价值观作为劳动者的核心素养，是劳动者的行为导向，新时代需要具有正确劳动价值观的人推动发展。劳动价值观直接影响小学生的学习态度、生活态度、社会实践、就业创业、奋斗目标等。劳动是贯穿于人一生的行为，从学生时代到未来职场，均需要劳动价值观作为支撑。[3]20世纪80年代，日本青年研究所所长钱世宝先生以适龄、健康的年轻工人为

---

[1] 檀传宝.劳动教育的本质在于培养劳动价值观[J].人民教育，2017（9）：45-48.

[2] 李珂，曲霞.1949年以来劳动教育在党的教育方针中的历史演变与省思[J].教育学报，2018（14）：5.

[3] 李珂.嬗变与审视：劳动教育的历史逻辑与现实重构[M].北京：社会科学文献出版社，2019.

调查对象,对关于职业道德的研究进行了展开与探究,并提出了中国青年工人的勤奋问题。他认为,群体规范是影响人劳动的至关重要的因素。倘若人在勤奋的人群中就会变得勤奋,在懒惰的人群中就会变得懒惰。正所谓"染于苍则苍,染于黄则黄"。所以,群体规范对于个体劳动素质的培养极其重要。❶倘若没有正确的价值观独立而稳定地存在于每个人的意识中,一旦群体出现懒惰现象,劳动者就很容易随波逐流,集体惰性会导致社会发展停滞不前或呈缓慢发展趋势。因此,对劳动价值观的评价将会促进小学劳动教育对小学生劳动价值观的培养。

2. 评价意义

(1)掌握劳动教育关键问题

劳动价值观作为劳动教育的核心目标,衡量劳动教育教学效果的关键要义是采取措施对其进行评估。在劳动教育实施过程中,由于理论预设与现实操作存在偏差,理论层面劳动教育在对小学生进行劳动素养的培养时应把劳动价值观作为重点内容,但因劳动素养的潜隐性,会造成培养重点失衡的现象。然而,劳动价值观评价会将劳动价值观包含的内容具体化、细致化,由宏观走向微观,剖析多维度测量要点,从而对小学生劳动价值观进行重点培养,所以,对劳动价值观进行评价有利于劳动教育在导向中对目标进行理想追踪。通过评价发掘问题关键,对其进行针对性分析,进而建构解决方案。因此,对于劳动价值观的评价会促进小学生在劳动教育中产生思想互联、发现劳动问题的关键并思考其中的原因,在此过程中促进劳动价值观的更新与升华。

---

❶ 千石保. 日本的"新人类"——当代日本青年价值观念和行为方式的趋向[M]. 何凤圆,译. 上海:上海社会科学院出版社,1989.

（2）增加劳动价值观关注度

在传统的授课背景下，社会各界均将关注视点定位于学生的升学成绩上，劳动价值观作为看起来与学生前途相关性很弱的隐性要素，很容易被忽视甚至被认为是可有可无的存在。由于劳动价值观在社会风向中长期被弱化，其不必要性的表象已然被大部分群体默认，但教育者作为教育行业的中流砥柱，理应看到劳动价值观的重要性，承担起对学生未来负责的任务，学生的成长不仅需要注重知识的积累，还需要重视品质的提升，劳动价值观就是其中之一。而对劳动价值观进行评价是引发各界对其关注的最直接方式，劳动价值观评价会促进各界对劳动价值观的理解与认识，不再拘泥于表层的浅显了解，而是转变为深刻意识到劳动价值观包含的内容、评价对象缺乏哪些要素、如何提升劳动价值观等。

（3）促进劳动建设者的成长

新时代需要培养具备劳动价值观的建设者促进社会的发展。蔡芬等人根据劳动价值观将学生分为积极劳动者和消极劳动者。他们发现，积极劳动者比消极劳动者有更高的学习参与度和满意度，这证明了积极劳动价值观的重要性。由于劳动价值观尚未形成完善的培养体系，当前最有效的路径是通过劳动教育进行优化。但在劳动教育中，多元内容混杂其中，很难辨别出是否真正完成对劳动价值观的培养。因此，需要劳动价值观评价对劳动价值观进行针对性测量，同时对劳动价值观进行评价会促使劳动者通过评价指标对自己的劳动价值观进行对照与反思，明晰自身存在的观念缺失，进行靶向评估与改正。社会风向的改变也为培养小学生劳动价值观提供了良好的大环境，在正确的氛围中学生能够更快地融入劳动中，体会劳动带来的益处，实现自身劳动价值观的塑造。

（二）劳动知识

劳动知识是劳动教育的理论保障，是小学生劳动素养的基础要素，劳动知识是劳动在理论层面的内容，是理解劳动内涵、劳动价值以及劳动意义的铺垫，学生只有不断学习劳动知识才能适应现代化劳动。❶ 劳动知识主要包含劳动工具的作用价值、劳动流程的陈述性操作要点以及劳动过程需要遵守的纪律准则。整个劳动任务都需要小学生在掌握劳动知识的基础上方可顺利并有效地完成，没有劳动知识，小学生在操作任务时犹如在迷雾中盲目行走，难免会出现停滞不前或碰撞现象，对劳动任务的完成效率产生不利影响。关于劳动知识，张鹏侠提出"智力劳动"的概念，智力劳动既包括发生在大脑中进行加工处理知识信息的智力活动，又包括生成的知识信息在生产过程中发挥作用的过程，即知识信息的物化过程；还指出"智力劳动"不是以智力活动对生产过程发挥作用，而是以生成的知识信息在生产过程中发挥作用。❷ 因此，知识信息在小学生的劳动过程中充当着能源物质，促使小学生在"先知后行"中进行智力劳动活动。

1. 评价原因

（1）劳动教育教学设计需求

小学生劳动知识面的宽度与广度与其成长过程密不可分，劳动知识的生活性与广泛性使其大部分来源于小学生的生活，由于每个小学生的生活环境有所差异，对于劳动知识的了解程度也各不相同。劳动知识是劳动教育教学过程的理论基础，是小学生的行为导向。薄弱的劳动知识需要进行完善与补充，以达到可进行劳动操作的程度，否则会陷入劳动僵局。根据小学生对于劳动知识的认知程度及时调整劳动教育目标、时间安排以及预设结果是劳动教育顺利进行的基础。因此，在接受学校劳动教育之前需要对其劳动知识的掌握作出衡量，作为教学设计的依据。

---

❶ 王倩，纪德奎. 中小学课堂教学中劳动素养培育的困境与路径探析[J]. 当代教育论坛，2021（6）:108–114.

❷ 张鹏侠. 经济学学术前沿书系 全要素劳动价值论[M]. 北京：经济日报出版社，2015.

（2）劳动合作安排需求

合作是小学生完成集体劳动的重要过程，劳动任务需要在合作中进行。分组是合作的第一要务，有效合理的分组需要在教师了解小学生劳动素养的基础上进行。对于分组，需要在教师清楚小学生劳动知识的水平上谨慎考虑，劳动知识测评是以最直接的方式和最快的速度对小学生劳动知识掌握程度作出初步衡量，相对直观与客观地对小学生进行劳动等级的划分，以此为依据对集体进行均衡分组。劳动知识水平高的学生能够带领劳动水平低的学生进行劳动，在均衡分组的基础上实现"强带弱"。因此，劳动知识评价能够推进劳动教育的合作交流，促进小学生的劳动共赢。

（3）衡量目标实现程度需求

劳动知识作为劳动素养的基础内容是劳动教育的目标底线，劳动知识关系到劳动价值观的树立与劳动能力的形成，同时是劳动意识与劳动情感的支撑。倘若小学生不具备对劳动知识的了解与掌握，对于其他劳动素养的培养将会造成事倍功半的结果。例如，如果想要小学生理解农业劳动者的辛苦，就需要其了解庄稼的种植过程。因此，劳动知识在劳动目标实现评价即劳动素养评价中起到底线作用，劳动知识评价能够对小学生的劳动学习效果进行测评，并通过评价结果调整未来劳动教育课堂教学结构。

2. 评价意义

（1）为实践操作的完成施加保障

劳动知识是实践操作的理论基础，实践操作是对劳动知识的实际应用。劳动知识的掌握程度与实践操作的状态相互关联，对劳动知识进行评价能够衡量小学生对实践操作的了解程度，因此，掌握劳动知识是实践操作顺利完成的保障。劳动的价值不是凭空或仅以理论的形式对小学生施加影响，只有在行动中才能发挥其效用，促使小学生投入劳动的动力源之一是懂得如何操作，掌握实践操作的陈述性知识，这有益于提升小学生在劳动中的主观能动性，从而促进劳动教育的有效开展，以达到实践操作顺利完成的目的。

（2）为劳动价值观的形成提供契机

劳动价值观属于思想层面的劳动素养，是在理论的架构中逐渐形成的理念。在劳动素养中，劳动知识属于理论层面的要素，劳动价值观的确立与劳动知识的学习密不可分。劳动知识评价促进劳动知识的学习与巩固，在劳动知识的输入与输出中，会引起小学生对劳动的思考，从而将知识延伸到其他更宽泛的层面进行过滤和深化，在劳动知识由量变到质变的过程中促进劳动价值观的形成。因此，劳动价值观的形成是学习劳动知识的结果之一，劳动知识评价会为劳动价值观的形成提供契机。

（3）为劳动能力的形成做铺垫

劳动能力通过对劳动知识应用的行动力和创造力得以体现，熟练掌握劳动知识是凸显劳动能力的表现之一。劳动知识在引导小学生做出劳动行为的过程中，使小学生对劳动知识所描述的劳动现象形成更深刻的认识，并且对实践操作逐渐明晰，在常规操作的基础上实现劳动再创造，促进劳动能力的发展，劳动知识评价能够使小学生觉察到所缺乏的劳动知识，在查缺补漏的过程中发展劳动能力。劳动能力的形成亦会使小学生发现劳动带来的成就感，从而激发小学生对劳动知识的兴趣。因此，劳动知识与劳动能力的相互促进会形成闭环式发展，有利于小学生劳动素养的全面提升。

（三）劳动意识

劳动意识是潜隐于小学生头脑中的劳动倾向，是小学生在获得直接劳动经验之后产生的主观映像，能够通过劳动行为实现外显，主要体现在小学生对劳动的能动性、关注度和觉察力三个方面。有学者提出，劳动意识主要指的是小学生对劳动行为的倾向。在日常生活中保持对劳动的关注度，将注意力集中于与劳动相关的事物，并且能够主动参与劳动，融入劳动，反思劳动，在劳动中提升自我。劳动意识对劳动行为具有一定的影响，倘若没有劳动意识，劳动就不具备展开的倾向。所以，为了能够使劳动实践顺利展开，培养学生的劳动意识是至关重要的。此外，劳动意识处于不稳定的状态，需要通过引导和提醒进行合理推动，促进劳动意识的形成，并且发挥劳动意识的主导作用，使劳动意识成为促进劳动发展的客观要素。但是在培养劳动意识的同时切勿被错误的意识推导，劳动意识的建构要以合理的、科学的、可行的方式进行，形成有效的、正确的劳动意识，能够起到开展作用的劳动意识。还要促使具备劳动意识的学生主动参与劳动，发挥应有的水平，使劳动发展成为促使小学生成长的关键所在。[1]因此，若培养小学生的劳动意识，需要教育者观察小学生是否能够在不被督促的情况下主动实施劳动，在劳动过程中是否发挥主体作用，即专注于劳动本身且不受任何干扰物的影响，并对其劳动实践的自觉性、自主性、自律性进行分析。

1. 评价原因

（1）社会发展的现实需求

社会发展需要具备劳动意识的人发挥主观能动性带动全民参与劳动、保持劳动、创造劳动，劳动意识评价是对社会需求的积极相应。劳动意识需要长期的培养与积淀，目标影响基数越大，越需要运用高效率的方法作为辅助。社会作为庞大的群体集合，只单一输入劳动意识，可能会造成众人只接受不思考的现象，所以需要劳动意识评价作为开端，引导社会劳动者对自身劳动意识存在程度进行反思，明确劳动意识的重要性，主动提升

---

[1] 宋培凯，袁志刚，邱尊社. 资源集成经营组织行为和组织成本的经营理论与实践[M]. 北京：中国环境科学出版社，2005.

自身劳动意识，热爱劳动，发挥劳动作用，为社会发展提供助力。

（2）劳动教育的实施需求

劳动意识是劳动行为的出发点，劳动意识影响学生的行动力。劳动意识是劳动教育实施的首要条件，只有形成劳动意识，学生才会克服懒惰的负面影响去主动参与劳动、切身感受劳动、积极响应劳动。然而，劳动意识属于隐性范畴，在零散的教学管理中很难评估与衡量其强弱，所以需要在系统化的劳动意识评价中完成。劳动意识评价能够了解学生的意识状态，倘若缺失严重，应及时采取弥补措施，改进教学方案，解决障碍问题，促使小学生的劳动意识回归，完善劳动教育的实施需求。

（3）学生劳动的思想需求

劳动意识关系到小学生劳动的主观能动性，倘若小学生不具备劳动意识，就不会产生劳动行为，进而失去在劳动中思考与创造的机会。思考与创造是小学生成长的必需过程，是大脑与行为对接的桥梁，缺乏劳动意识的小学生会因为脱离劳动而丧失思考能力与创造能力。劳动意识评价使评价者给予被评价者有效的反馈建议，使被评价者对自身劳动意识进行反思，有利于促进学生劳动意识的回归。将劳动意识与思考意识和创新意识相衔接，使小学生意识到劳动的重要作用，形成坚定的劳动意识，为其社会化成长及未来发展做好铺垫。

2.评价意义

（1）促进劳动教育有效开展

劳动意识是劳动行为的先决条件。劳动意识不仅会促进小学生积极参与劳动，同时也能够引发小学生对于劳动的主动思考，开辟劳动教育的路径，达到事半功倍的效果。劳动教育以活动的形式展开，表面上很容易使小学生开始行动，但倘若小学生缺乏劳动意识，就会无形中使劳动教育异化为随意娱乐，小学生的规范性与自主性尚未成熟，无法真正开启劳动。因此，劳动意识能够规范小学生的劳动行为，使小学生自觉遵循劳动规则、熟悉劳动内容、进行劳动实践，实现劳动教育开展的秩序性与条理性。

（2）培养小学生劳动能动力

劳动意识评价不仅具有调控与评估作用，还能够激发小学生的内在动力。在劳动意识评价过程中，将激励策略作用于小学生，激发其主动性，方可产生巨大的内驱力，从而内化为劳动意识，外化为劳动行为与能力，努力做到知行合一。❶通过评价反馈的结果，小学生会与周围的对象进行对比，小学阶段处于勤奋感与自卑感的阶段，该阶段的学生很注重自己的学习成果，适当的评价能够使小学生发现自身不足，从而培养小学生的自信心和上进心，将其迁移到对劳动的积极性，从而形成劳动能动力。

（3）促进社会创造力发展

劳动意识的培养需要经过劳动经验的累积，使小学生在面对新问题时能够预知运用劳动解决。在劳动意识的培养过程中，需要学生掌握劳动的运作方式，学会适当地迁移到其他事物中。在这个过程中，会使小学生的想象力和创造力不断得到激发。劳动意识评价促进劳动意识的培养，在当今社会，随着国与国之间竞争越来越激烈，对于劳动的要求越来越高，不仅体现在体力劳动，还体现在脑力劳动与体力劳动相结合，在综合发展过程中逐步培养未来科学技术建设人才，在创造与创新中逐渐巩固国家地位。❷

（四）劳动能力

劳动能力是小学生完成劳动任务所体现的综合素质，是劳动行为的支

---

❶ 关颖.少年儿童劳动意识和劳动习惯影响因素的实证分析[J].道德与文明，2012（1）:148–152.

❷ 冯亮亮.当代大学生劳动意识及其培养研究[D]，河北：河北师范大学，2017:15.

撑，贯穿于小学生的整个劳动过程。劳动能力是体力劳动与脑力劳动的结合。蒲心文提出，劳动能力有两个不同的特点：第一，劳动能力是后天通过实践和教育培训培养出来的，没有与生俱来的劳动能力。现代生产条件所要求的劳动能力主要通过教育来培养和保持。第二，劳动可以创造价值。技能越高，创造的价值就越大。社会剩余产品是由人们的劳动能力产生的。对于劳动能力的评价需要把握三个维度，即接受劳动的难易程度、参与劳动的学习效率、操作程序的熟练程度。对于接受劳动的难易程度的评价主要从劳动工具的复杂与简易、劳动步骤的烦琐与简明、劳动范畴的宽广与狭窄进行衡量；对于参与劳动的学习效率的评价主要从学习时间与学习效果的正反比例关系中进行分析；对于操作程序的熟练程度的评价主要从劳动过程的进展状况中进行衡量。❶

1. 评价原因

（1）劳动教育的有力支撑

劳动能力是劳动教育培养的结果，也是劳动教育开展的支撑。劳动能力的具备意味着小学生拥有劳动行动的潜力，能够在劳动教育中深刻领会内容、学习劳动技能、掌握劳动方法。劳动教育的开展不仅需要良好的开端，更重要的是有效的过程。倘若尚未察觉劳动能力的缺失，则会造成劳动教育设置的目标与内容均付诸东流，很难取得劳动教育所期望的效果。劳动能力评价有利于了解小学生的劳动能力达到何种程度，既可以根据劳动能力制定劳动教育计划方案，避免劳动教育教学偏差，亦可以测试劳动教育达到的教学效果，方便教学计划的调整与规划。

（2）时代发展的中流砥柱

时代发展需要理念的熏陶，同时也需要实际力量的推动，其中包括劳

---

❶ 蒲心文. 教育经济学初步[M]. 成都：四川人民出版社，1985.

动能力。劳动能力决定社会生产力的发展，社会生产力是社会发展的物质基础。学生的劳动能力关系到未来的行业建设，行业会随着时代更替发生变化。劳动能力所产生的劳动成果会影响社会发展的状态，同时决定行业发展方向与速度。因此，劳动能力是发展的必要条件，没有能力做支撑，一切都化作虚无，只能纸上谈兵，空有一番想象。劳动能力评价既是对现实的衡量，也是对未来的预测。现实的劳动能力维持当前的现状，未来的劳动能力需要从当下开始朝着期待的方向努力。

（3）小学生发展的有力支撑

劳动能力不是单一地会"看一看，做一做"，而是体力与智力的总和，对于小学生而言具有一定的难度。因此，在劳动能力的培养过程中需要小学生不断克服困难，但也由此促进了自身发展。劳动能力是小学生发展的决定性要素，主要体现在两方面，首先，能力决定行动效率，进而决定发展进度，只有在真正的劳动过程中才会获得发展机会；其次，能力需要长期的磨炼，在塑造能力的过程中学生会积累许多经验、不断进行思考、经受多方面历练，可谓在"苦其心志，劳其筋骨"中成就自己，由此发展成为真正的劳动者。

2.评价意义

（1）促进小学生劳动能力的提升

劳动能力是小学生健康成长不可缺少的因素，劳动能力的强弱取决于两方面，一方面来自天赋，另一方面需要后天劳动教育的培养，而真正影响学生的因素是后者。劳动能力在劳动教育中得以培养，需要在劳动过程中逐渐强化，但没有结果参照会使得效果未知。劳动能力评价给予学生反馈，使学生了解自身劳动能力状况，进行针对性自省与反思，提升对劳动能力的重视，增强自我培养的意识。同时，劳动能力评价能够给予评价标准，提高小学生对培养自身劳动能力的积极性，使小学生重视自身劳动能力、衡量自己是否达成能力目标，进而对劳动学习进行自我调整和督促。

（2）促进劳动教育计划的完善

劳动教育的实施应根据小学生的劳动能力进行设计。劳动内容要符合学生的能力承担范畴，符合小学生的最近发展区。劳动计划应符合小学生的发展规律，根据劳动能力制定循序渐进的方案，理想假设要向现实情况靠近，避免实施预设过于理想化。劳动能力评价能够通过衡量标准了解小学生的劳动能力发展趋势，根据趋势设置相应的劳动内容。同时，劳动能力的形成性评价有助于劳动计划的前期准确预设，过程性评价有助于中期及时调整，终结性评价有助于后期合理改善，由此促进劳动教育计划的完善。

（3）促进教育机制的平衡

劳动能力是小学生成长的必备素质，在素质教育中占有重要地位。虽然素质教育一直被提及，但在真正实践中，劳动能力很容易被繁重的学业掩盖、弱化、忽视，智育的占比要远大于劳动教育，这种不平衡的教育现象很容易使小学生走向"高分低能"，对小学生的全面发展造成不利影响。劳动能力评价能够引起教育界对劳动能力的重视，使培养小学生劳动能力回归主线，与其他四育平衡发展，积极探寻有效发展模式，在科学合理的模式中建构"五育"共同发展机制，促使"五育"共同发展。在"五育"相互配合、相互促进、相互推动、相互影响的过程中不断发生作用，促进学生在品行、知识储备、身体素质、审美需求、劳动素养方面均得到充分的发展。❶

---

❶ 中共中央国务院.关于全面加强新时代大中小学劳动教育的意见[EB/OL].（2020-03-20）[2020-04-13].http://www.moe.gov.cn/jyb_xxgk/moe_1777/moe_1778/202003/t20200326_435127.html.

(五)劳动情感

心理学家认为,情绪化的人对客观事物是否满足个体需求的态度和体验是人不同于动物的独特特征。然而,情绪并不是简单地指人们的情绪,如喜悦、愤怒、悲伤和恐惧,而是指所有的人体感官、心理和精神感受和体验。❶ 劳动情感是小学生对劳动持有的思想状态,是小学生劳动过程中保持积极情绪的基础。劳动情感是劳动行为的保障,是小学生勤于实践的动力基础。教师通过谈话的形式与小学生进行心与心的沟通,讲述自己或他人的劳动故事,通过小学生的共情状况、情绪起伏以及感受交流了解小学生的劳动态度、劳动情怀、劳动品质。在立体的表达交流中感知小学生内心对于劳动的真实反应,在感性与理性的结合中认识小学生对于劳动的情感表现。劳动情感是个体劳动产生劳动行为、养成劳动习惯的重要动力,因此对小学生劳动情感的关注有助于培育小学生的劳动行为。

1. 评价原因

(1)和谐劳动关系所需

劳动需要在合作中进行,合作能够促进劳动者与同伴之间的情感交流和知识沟通。同时,劳动情感能够促进学生对合作产生充分的肯定与热爱,在劳动中与同伴和谐相处、有效沟通,达到个人与集体利益的最大化。在合作中也能够促进劳动情感的形成,所以劳动情感与合作劳动构成相互促进的关系,并且劳动情感在其中起到决定性作用。❷ 通过对劳动情感的评价促使小学生的情感回归,在劳动中增强道德感,尊重他人劳动者的身份,重视他人的劳动成果,学习他人的劳动精神。在劳动过程中主动与他人合作交流,共同完成劳动任务,发展共赢关系。

---

❶ 张志平.情感的本质与意义——舍勒的情感现象学概论[M].上海:上海人民出版社,2006.

❷ 王书慧,论劳动中的情感因素[D].郑州:郑州大学,2013:12.

(2)小学生个体成长所需

个人成长需要在情感的相互联系中完成。人生来就是有情感的,情感主要体现在对自我有情感以及对他人有情感。社会赋予人的属性使人需要与他人进行情感交流,以契合个人在社会中的角色扮演。人是有情感需求的动物,因此不能忽视对人劳动情感的培养。❶劳动情感是劳动的精神基础,劳动本身枯燥乏味,容易产生疲倦,但潜隐在其中的价值却能够对小学生的成长产生正向影响。具备劳动情感意味着小学生对劳动具有感性理解,懂得劳动的不易,认可劳动的价值。劳动情感评价促使小学生情感意识的回归,重视自身劳动情感的丰富,为自身的成长发展需要提供精神基础。

(3)实施体面劳动所需

"体面劳动"指的是在劳动过程中要持有自身的劳动原则,在劳动中要有底线地进行实践操作,不能任意妄为,要遵守劳动秩序、劳动规则、社会对劳动者的规范以及学校对劳动者的要求,还有教师对劳动者布置的任务,以达劳动目标,在劳动中逐渐实现自我、实现创造。而这些不仅需要劳动者对劳动有所热爱,还需要劳动者对劳动保持情感,在劳动中能够享受快乐和满足劳动兴趣。勤奋是人们个性的基本表现,而体面的勤奋必须反映人的存在模式与精神,反映人的充分探索。自主探索也必须依靠体面劳动,即有尊重劳作的态度、健康的劳动要求、适当的劳动付出、良好的劳作气氛、丰富的闲暇时刻等。❷因此,"体面劳动"的形成离不开劳动情感,只有每一个小学生都具备劳动情感,整体劳动环境才能营造出"体面"的氛围。

---

❶ 王书慧,论劳动中的情感因素[D]. 郑州:郑州大学,2013:12.
❷ 王书慧,论劳动中的情感因素[D]. 郑州:郑州大学,2013:12.

2.评价意义

（1）促进小学生的人性回归

情感是人存在于社会的必需品，在沟通与融入中起到润滑剂的作用。劳动作为人的一种生存状态，与情感是相互作用的关系。劳动促进情感的发展，情感使小学生更愿意为劳动付出，进而使小学生形成劳动情感。小学生在劳动中沟通，形成劳动共同体；在劳动中体悟，理解劳动人民的不易；在劳动中反省，成长为热爱劳动的人。没有情感的个体宛如一具躯壳，没有情感的劳动与机器工作毫无分别。劳动会促进小学生融入集体，与其他劳动者发展关系，感受人与人之间的情谊，在合作交流中共享劳动经验，在相互帮助中营造和谐氛围，由此弥补劳动情感的缺失，在劳动中体会情感带来的价值。

（2）促进小学生主体性发挥

不同的情绪会影响学生的劳动状态和劳动效率。正如恩格斯所说，在社会历史领域内进行活动的，全是具有意识的、经过思虑或凭激情行动的、追求某种目的的人；任何事情的发生都不是没有自觉的意图，没有预期的目的。小学生作为劳动主体，不仅需要理性知识的引导，还要依靠真实的、丰富的情感。配合人感性的一面，情感对小学生的作用力不亚于客观知识，劳动者主体性的实现则是社会整体因素与属性之间协调相互作用的结果，涉及人类理性与情感状态等非理性因素。因此，小学生的劳动主体性与劳动情绪密切相关。

（3）构建劳动实践的精神支撑

劳动情感是小学生进行劳动的精神保障。劳动情感能够使劳动者在繁杂的劳动中消除劳动本身带来的倦怠感，以良好的心态对待劳动。由于劳动实践作为教育过程会根据小学生的最近发展区设置一定的难度，小学生初步接触劳动时难免会存在部分情绪，甚至出现"反抗"或"罢工"的现象，随着劳动任务的进行内心会逐渐形成压力。劳动情感是小学生劳动过程的缓压剂，对小学生进行劳动情感的评价能够预估其接受劳动的难度限度，情感浓厚的小学生更愿意挑战高难度的劳动，而情感相对淡薄的小学生则会选择相对保守的劳动任务，以避免出现失败的结果。总之，小学生在劳动过程中一定会伴随着情感的存在，因为人本身就是具有情感的，而劳动又是多种感官相互配合进行的实践活动，所以劳动与情感是密切相连的。❶

（六）劳动意志

劳动意志是小学生对劳动的坚持程度。劳动是体脑并用的过程，在双重消耗的条件下能否坚持是对小学生的考验。劳动意志是劳动行为的精神引领，对于劳动意志的评价主要利用过程性评价，对小学生进行劳动记录，以时间为主线，对每段时间的劳动完成度进行测量，分析其劳动状态呈现何种趋向。劳动意志的评价主要涉及劳动心理状态与劳动行为状态两个维度。劳动心理状态体现在小学生能否及时调整劳动带来的疲惫心理，劳动行为状态体现在小学生能否克服劳动复杂性，持续坚持劳动直至完成劳动任务。有学者提出，劳动意志是劳动过程的脑力机能，不断为人的大脑添加能量，使小学生即使处于困难中，也能不断从头脑中提取到能量，从而继续进行劳动，直到获得劳动成果。❷所以劳动意志不仅要存在于个体，还需要集体共同具备。单个劳动者的意志仅能支配其个人劳动行为，但劳动展现的合作性质需要集体意志的存在。随着劳动过程的推进与动态发展，小学生的劳动进程若要得到保障，需要在遇到问题时通过群体规范进行共同处理。个人意志对困难的抵抗能力是偏弱的，所以要塑造集体主

---

❶ 王书慧. 论劳动中的情感因素 [D]. 郑州：郑州大学，2013:12.

❷ 孙林岩，汪建. 先进制造模式—理论与实践 [M]. 西安：西安交通大学出版社，2003.

义劳动，提倡合作意识，促进集体共同意志。因此，劳动意志是支撑劳动过程的重要因素，在培养个体劳动意志的同时也要关注集体劳动意志。

1. 评价原因

（1）小学生健康成长所需

新时代要求小学生具备许多能力，在培养能力的过程中学生难免会遭受挫败，所以需要不断克服困难。倘若没有坚定的意志，必然会陷入脆弱的境地，导致心理健康出现问题，甚至做出极端行为，造成无法挽救的局面。而劳动意志能够磨炼学生的心智，使其变得成熟理智，劳动意志不仅作用于劳动本身，还会迁移到其他方面，例如学习意志、工作意志、生活意志，使小学生形成完整的社会化人格，在人生的各阶段均能保持顽强的状态，使劳动意志内化于心，外化于行。因此，劳动意志关系到小学生整体成长方向，是奋斗与前进的心理保障。

（2）社会环境施压

随着时代的发展，人与人之间越发充满竞争力，社会整体环境趋于紧张的状态，小学生受环境影响会被动处于压力下，倘若没有意志作为抵抗外界风险的力量，则容易坠入脆弱的谷底。小学生的意志发展是在劳动中不断磨炼，在实践中不断探索的过程。劳动意志作为劳动行为的支撑可使小学生在追求理想的过程中保持良好的状态，能够在挫折面前勇于战胜，在平庸面前勇于奋斗，在困倦面前勇于坚持。因此，培养小学生的劳动意志有利于其适应社会发展需要，从而推动社会发展进程。

（3）劳动连续性所需

劳动是具有连续性的行为，劳动的连续性体现在时间不间断、进度相衔接，需要小学生长期处于劳动过程中。劳动意志会抵抗劳动中遇到的挫败，降低劳动的中断概率，促进劳动任务的顺利完成。倘若小学生缺乏劳动意志，劳动过程中容易出现自我干扰而进行与劳动无关的活动，造成劳动进度的延缓或中断,例如中途开始与同伴嬉闹,或者擅自离开劳动场地,由此被迫造成的碎片化劳动形式会减弱其教育效果。因此,劳动意志是劳动教育连续进行的必要条件,教育者需要对劳动意志进行评价从而调整劳动内容,以确保劳动能够顺利完成。

2.评价意义

(1)促进劳动意志的培养

意志在汉语词典中被解释为:决定达到某种目的而产生的心理状态。作为一种隐性心理状态,劳动意志的培养路径比较隐蔽,通常属于附属角色,劳动意志评价为劳动意志的培养提供现实路径,明晰培养方式,为劳动意志的培养开辟主线,与其他路径并行,有利于劳动意志的针对性培养。以劳动意志评价作为主线,以其他劳动行为作为补充,有序进行意志评价,能够凸显劳动意志的独有特点,使培养路线有迹可循。

(2)益于小学生身心健康

劳动意志能够将小学生的负面情绪化为动力,在劳动过程中能够稳定情绪,即使遇到困难也不过于急躁,而是冷静寻找解决问题的方法,与同伴寻求解决问题的答案,或者通过自我思考突破困境。劳动自觉性能够促使小学生主动参与劳动,免除因被迫劳动带来的心理抵抗,劳动坚韧性促使小学生在劳动过程中坚持自己的原则与底线,拒绝违背任何劳动规则,坚持在正常的轨迹上发展。劳动自制力,即在劳动中的自我控制能力,小学生的自制力是健康心态的体现,也是保持健康心态的必备条件。因此,劳动意志评价促进小学生劳动意志的具体化形成,为小学生的身心健康提供保障。

(3)提升劳动任务完成率

劳动教育为了接近小学生的最近发展区,需要增加相应的难度。小学生在克服懒惰的过程中,需要良好的意志品质给予支撑。只有具备坚强的意志品质，才能避免被困难轻易击垮，同时，劳动意志能为小学生提供持续的助力，推动小学生向着期望的方向前行。劳动意志能够保障劳动活动的有效展开。劳动意志评价通过分析小学生的劳动意志构成要素，合理设置评价方式，进而进行科学的评定与及时的反馈，培育小学生良好的劳动意志品质，促进小学生高效率地完成劳动任务。

四、小学生劳动素养评价的指标

（一）指标内涵

2020年7月7日，教育部印发《大中小学劳动教育指导纲要（试行）》，作为全国中小学劳动素质评估的直接政策依据，规定全面提高全国小学生劳动素质水平，把小学生的劳动素质监控工作作为教育质量监控的重要方面，强调对小学生的劳动价值观、劳动力量、劳动文化精神、劳动习性和质量等的全面监控。

科学的小学生劳动素养评价依赖合理的评价指标体系。但建立小学生劳动素养评价指标体系离不开扎实的理论基础作为支撑，从目前已存在的小学生劳动素养评价系统可以发现，仅仅把指标体系单一罗列，缺乏系统的理论与实践依据，很容易被质疑。本研究成果在多领域中获取了大量的基础理论资料，如多元智能理论为小学生劳动素质评估指标体系的丰富与完善奠定了理论依据，建构主义理论为小学生劳动素质评估提供了理论养分，发展性评估理论则为小学生劳动素质评估的评价目的提供了方向。

通过对小学生劳动素养内涵和作用的分析，借鉴已有研究的指标划分，本研究初步构建的小学生劳动素养评价指标体系分为两个学段，一至三年级的小学生劳动素养评价体系由劳动价值观、劳动知识、劳动意识、劳动情感等指标构成。四至六年级的小学生劳动素养评价体系由劳动价值观、劳动知识、劳动意识、劳动情感、劳动能力、劳动意志等指标构成。

（二）指标要点

1. 低学段小学生劳动素养评价指标要点

一至三年级的小学生处于劳动教育的接触阶段与探索阶段，需要关注的是其劳动价值观、劳动知识、劳动意识以及劳动情感。

（1）劳动价值观

劳动价值观包括小学生承认劳动价值与尊重劳动个体。

承认劳动价值，即认为劳动是有价值的事情。在个人层面，承认劳动对自身成长起到不可替代的作用。在自我完善方面，认为劳动能够提供真切的机会而非空洞的形式。在自我发展方面，认为劳动具有实现发展目标的推动力。将劳动行为渗透到生活与学习的各个方面，从而形成劳动自觉性。在学校层面，承认劳动教育课程的重要意义，不贬低劳动教育课程的价值，不认为劳动课程仅仅是放松与游戏的无用过程，而是将劳动教育课程与其他学科课程视为同等重要的。在态度上，保持对劳动教育课程的认真与重视，认为在劳动过程中走神同样会影响劳动成果。在社会层面，承认劳动是推动社会发展的主要力量，了解劳动对社会发展的影响，明白劳动对于人类生存的重要性。树立实践创造未来的方向标，实现劳动价值观的逐渐深化。

尊重劳动个体，即尊重任何层次的劳动工作者，平等看待社会各个阶层的人。不贬低底层劳动人民，并且能够认识到农民、工人、清洁工等人群是社会生活的保障，生活中的衣食住行离不开劳动人民的创造。承认生活中的许多事物是易被忽视的平凡劳动者在维护，如充裕的粮食、干净的街道、耸立的高楼等均离不开劳动者的力量。在日常行为中尊重劳动人民，与其相处时能够保持敬佩的心理。能够正确地认识到劳动是人民的底色，体力劳动者与脑力劳动者均属于光荣的形象。思想是行为的保障与指挥棒，尊重劳动个体不仅体现在思想上，还要在行为上有所践行，如节约粮食、不乱丢垃圾、不随意践踏草坪等。将思想层面的尊重付诸行动，在不被督促的情况下能够主动遵循原则、捍卫底线。将对劳动人民的尊重内化于心，外化于行，进而养成一种习惯，通过行动对逐渐形成的劳动价值观进行强化，使其渗透到品行中，有意识地做到知行合一。

（2）劳动知识

劳动知识包括明确简单劳动工具的用途和特点，了解劳动常识。

明确简单劳动工具的用途和特点。劳动工具在劳动过程中对劳动者起到辅助作用，懂得如何使用工具能够提升劳动效率。例如，在植树的过程中，小学生要明确铁锹、水桶以及其他工具的作用，清楚铁锹可以铲土，水桶是装水、浇水的工具，能够在有限的劳动时间内完成挖土、浇水等操作。同时也关系到工具的分配效率，例如，负责铲土的小学生可以每人分得一把铁锹，由于水桶的重量超出一名小学生的承受范围，所以负责浇水的小学生至少两人提一个水桶，如此分配不但能够有效完成劳动任务，还会促进小学生的合作能力。因此，明确简单劳动工具的用途和特点能够制定有序的劳动流程，有利于对小学生综合能力的培养。

了解劳动常识，首先通过对劳动小常识的积累促进其对劳动内涵的理解，体会劳动对人类生存的意义。例如，通过学习"五一劳动节"的相关知识明晰该节日的来历，有利于完善小学生对节日意义的了解，而非只关注节日带来的假期。其次，在生活中尝试运用劳动常识，通过知识推动小学生的操作效率，在提升解决效率的过程中，体会劳动常识为日常生活带来的方便与利益。因此，了解劳动常识不仅能够促进小学生的思想发展，还有利于其有效完成劳动任务。

（3）劳动意识

劳动意识体现在勤于关注劳动、自主参与劳动。

勤于关注劳动可以通过两个途径衡量。首先，自身的眼前经历，即关注需要劳动的事情，体现在能够将事物与劳动相关联，意识到劳动能够解决问题，改变事情发展的动向。例如，发现地面有垃圾能自觉意识到垃圾应该清理，而非以事不关己的态度应对。及时关注身边的境况，能够将精力分配给劳动，主动利用劳动能力解决问题。其次，通过媒介关注社会劳动，主要有书本、多媒体等。在读书学习的过程中能够关注到与劳动相关的内容。例如，小学生能够意识到某个成语是在形容劳动人民的光荣形象，某个故事的中心思想是在弘扬劳动人民的奉献精神。在接触多媒体中的动画节目时能够分辨出与劳动相关的事情，如农业劳动者在种庄稼、建筑工人在施工建设等。

自主参与劳动，即在外力的引导下自觉加入劳动的队伍。在心理上产生参与劳动的期望，再进一步抓住时机完成劳动任务。在教师为学生布置劳动任务后积极主动地参与劳动、融入劳动、帮助他人克服劳动困难。主动参与劳动体现在当教师布置完劳动任务时能够即刻决定参与的项目而非迷茫看待劳动任务拒绝参加任何一项；融入劳动体现在劳动过程中个体一直处于劳动情境中而非割裂的状态，或者选择逃避，即在劳动过程中呈现心不在焉的消极状态；帮助他人克服劳动困难体现在主动发现同伴遇到的困境并在能力范围内施以援手。

（4）劳动情感

劳动情感包括劳动共情力与劳动道德感。

劳动共情力首先体现在与书面中的劳动人物产生共情。例如，学生聆听劳动故事时能够与其中的劳动人民产生共情，理解劳动人民的艰辛与不易，同时也佩服劳动人民高尚的劳动品质，并学习劳动人民的坚毅精神，将其运用于自身的劳动过程中。并且将共情的心境融入日常生活中，在行动上与共情内容所体现的精神保持一致。其次，体现在与身边的人产生共情。每个人在劳动中都会经历不断磨炼的过程，并非初次接触劳动任务就能做到游刃有余，所以身边的同伴在接受劳动时要及时关注同伴是否需要帮助，知晓同伴的情况，将自身的经验融入对方的情况中，代替其衡量达到劳动目的的难度与时间，从而帮助同伴及时完成任务。

劳动道德感即对待劳动要保持道德底线，不逾越劳动的道德准则，体现在两方面。首先，动机方面，持有正确单纯的劳动动机，仅为了培养自身劳动素养而劳动，而非为了获得某种与之无关的"利益"而劳动。并且不把劳动行为当作"诱饵"，在教师面前"装腔作势"。例如，为了得到教师的赞许只在其面前表现出对劳动的热情，而在私下里却是漠然的状态。只有在正确单纯的动机下，才能时刻保持对劳动的道德感从而形成对劳动的敬畏心理。其次，言行方面，要尊重劳动本身、劳动同伴以及劳动集体。言语要符合规范，不贬低劳动的价值，不辱骂或贬低在劳动中犯错误的同伴，要遵守集体劳动规则，不因为个人原因违背劳动规则，不以个人目的扰乱集体劳动进度，与人合作的过程中会根据他人的情况调节自身劳动，为共同的劳动目标着想，以有效完成劳动任务。

2.高学段小学生劳动素养评价指标要点

四至六年级的小学生处于劳动教育的发展阶段与提升阶段，关注其劳动价值观、劳动知识、劳动意识、劳动情感、劳动能力与劳动意志。

（1）劳动价值观

首先，明晰劳动地位，即能够认识到劳动是生活与学习过程中的重要角色，不歪曲劳动存在的作用，误认为只有犯错误或者接受惩罚的时候才需要劳动。劳动是时代发展的应然需求，属于个人成长与社会进步的首要推动力量。其次，不仅认识到劳动的真实地位，还要摆正劳动在心目中的位置。不把劳动搁置在生活的角落，而是归于中心位置，时刻重视自身的劳动状态，形成对劳动的自律，做到及时反思与修正，时刻将劳动铭记于心，以实现劳动塑造自身的目标。最后，具备劳动信念，信念意味着坚定的思想状态，在反复的练习与收获中，高学段的小学生能够形成系统的劳动思想，主要体现在不会被他人不劳而获的表面现象影响到对劳动的信任，充分肯定劳动价值并主动强化自身劳动信念，坚定地将理想与劳动融为一体，不会脱离实际劳动空谈未来理想。

（2）劳动知识

劳动知识包括劳动流程的描述和劳动经验的掌握。劳动流程是劳动的整体方向，小学生对劳动流程进行描述有利于明晰正确的劳动方向。首先，通过小学生对劳动流程的描述状况可以预知其对于劳动操作方向的准确程度。其次，虽然劳动流程的整体情况是基本相同的，但是也存在可以创新的空间，在小学生对劳动流程描述的过程中，能够发现其创新点，通过创新能力预测小学生的劳动素养。劳动经验是指小学生在劳动实践中获取的知识，不断积累的客观事实在小学生未来行为的反映。小学生只有参与过大量的劳动任务，才能在劳动中寻找到不同任务的共同点和差异，从而实现劳动经验的获得。高学段的小学生已经具备完成简单劳动任务的能力，同时在时间上也具备收集经验的条件。教师可以通过小学生掌握的经验程度来推测其参与的劳动次数与难度，从而对小学生的劳动素养进行评价。

（3）劳动意识

劳动意识包括自觉学习劳动与及时反思劳动。关于自觉学习劳动，劳动的复杂性会使一部分学生被动接受任务并且低效进行。自觉学习劳动体现在学生主动克服劳动心理障碍，依靠自身能动力学习劳动实践的每一个程序，手脑并用深刻体会劳动的内容，并主动与合作伙伴交流沟通，互换劳动经验以达到高效学习的目的。对自身提出劳动要求，并主动完成以达到所期望的目的。及时反思劳动，高学段的小学生已经具备一定的反思能力，在劳动过程中能够把握劳动进程，意识到劳动即将完成或者思考如何推进，抑或将记忆中的劳动经验迁移到当下的劳动中，将反思过程与劳动过程相互渗透。在劳动结束后回顾劳动过程中遇到的阻碍，及时总结劳动经验，反思各种情况发生的原因，依次找寻答案，为下一次劳动做好充分准备。

（4）劳动情感

劳动情感包括劳动理智感与劳动奉献感。劳动理智感是指学生在劳动过程中能够切实意识到劳动给他们带来的心灵与意境的享受。小学生能够在劳动中寻找快乐，追寻到劳动带给他们的乐趣，并且劳动使小学生感受到思维的开阔、愉悦的体验以及精神的洗礼。在劳动理智感的带动下，小学生能够在劳动教育中保持正向的心态，以积极乐观的态度面对劳动实践和活动任务。在劳动探索过程中保持好奇与求知，在得到劳动成果后获得应有的喜悦与成就，每一种心理状态均与劳动进展状态相符合，属于健康劳动的表现。劳动奉献感是指甘愿为劳动贡献自己的时间与精力，并为自己的付出感到满足。首先，愿意承担以"为他人服务"为导向的劳动，如擦黑板、打扫教室。其次，愿意帮助他人完成劳动，例如同伴请假出现劳动空缺时，能够主动接替同伴完成劳动。

（5）劳动能力

劳动能力包括劳动实践力、劳动合作力、劳动创造力。

劳动实践力是指小学生在劳动过程中通过自身表现所凸显的实践能力，主要体现在能够操作高难度劳动以及高效率完成劳动任务。劳动能力强的小学生具备较高的操作能力，首先，他们能够接受挑战超出自己预期难度范围的劳动，并且对于未接触过的劳动也具备勇于尝试的信心。例如，在植树节参与室外种树，需要劳动基础知识、基本体能以及合作能力，极其考验小学生的综合素质。其次，劳动能力强的小学生能够高效完成劳动任务，他们具备基本操作能力与实践创新能力，基本操作能力体现在小学生能够掌握与劳动相关的操作陈述性知识与程序性知识，并且运用于实践。实践创新能力是指在劳动实践中由于经验的累积而产生的操作创新点，有利于推动劳动的进展。

劳动合作力是指小学生在劳动过程中能够自觉形成合作意识，与他人产生合作关系，共同完成劳动任务、实现劳动目标。合作意识具有内隐性，需要在外显行为中发现其存在与否。合作意识的外显行为主要包括主动与同伴配合完成劳动任务，积极融入小组合作氛围，善于寻找合作机遇。主动与同伴配合完成任务体现在当同伴遇到困难时主动帮助其渡过难关，相互解决劳动中遇到的困难，具有相助意识并在劳动过程中践行，使劳动任务的完成具备合作因素。积极融入小组合作氛围体现在全身心投入小组合作中，融入劳动的整体运行机制，将劳动运行做到善始善终，通过小组合力完成劳动任务而非特立独行。在合作氛围的影响下推动合作能力的培养。善于进行有效的合作，劳动过程中要注意合作的价值，无须刻意制造无用的合作，将独立完成的内容无效拆分会造成劳动效率低下。

劳动创造力是指在劳动过程中，能够在基本任务的基础上发展创新，突破常规思路，以新思路思考解决方案，创造劳动新方法，实施劳动新操作，从而收获劳动创新成果。突破常规思路体现在在劳动开始前能够对常规思路达到熟悉的程度，进而预设新思路使劳动操作更简便与高效。创造新方法体现在不局限于现有的旧方法，重置劳动者和劳动工具可以发现新方法，将工具合理运用，将劳动者合理搭配，在原有条件的基础上重新安排，有效提高劳动效率，充分体现创造力的价值。实施劳动新操作体现在将创新想法实践于行，创造力不仅体现在思路与方法上，还需要在现实操作中不断更新,通过创造推动再创造。

(6)劳动意志

劳动意志包括时间上坚持持续劳动与内容上克服劳动障碍。时间上坚持持续劳动,即劳动不是单独的片段,而是承上启下的关系,每一次劳动任务都会经过科学的设置,需要小学生以学期为周期参与劳动全过程方可达成真正的劳动教育目标。劳动意志坚定的小学生不会中途逃避,且会不断克服时间倦怠期以及劳动本身的磨炼,为提高自身劳动素养保持恒心,从而顺利度过劳动周期,实现身心质的成长。内容上克服劳动障碍,即具备劳动意志的小学生能够克服劳动中的阻碍,即使在困难中,也能够坚持劳动,直到完成劳动,获得劳动成果。小学生的劳动意志需要通过劳动坚持程度、劳动持续时间以及劳动频率等方面来衡量,在长期劳动中反映小学生的劳动意志程度,主要体现在小学生面对不同程度困难时的自我调节能力。意志坚强的小学生能够对高强度的劳动困难进行调节,相反,意志薄弱的小学生仅能对低程度的劳动困难进行调节。

五、小学生劳动素养评价的策略

(一)分析小学生差异实施发展性评价

1. 满足小学生差异性需求

由于小学生在年龄、性别、身体素质等方面存在差异性,教育者在实施小学生劳动素养评价的过程中应注意根据每个小学生的特点进行针对性评价。避免整齐划一的标准,要根据小学生的特点进行衡量。例如,对于手工劳动任务,女生比男生更具有天赋,因此对于男生的评价标准可以适当降低；对于体力劳动，考虑到女生与男生力量的悬殊，可以适当降低对于女生的评价标准。同时，评价不仅是对小学生表现的反馈，也要利用反馈达到促进的效果，例如，对于身体素质不好的学生应进行鼓励式评价促其完成劳动。总之，小学生劳动素养评价的实施需要考虑到小学生的差异性，对小学生进行充分的了解，从而适当调整评价标准，促进评价的有效性和针对性。

2.追求育人性评价效果

小学生是发展中的人，是在教育中不断获得成长的独立个体。评价作为教学成果的衡量工具，亦属于教育的一部分，所以在反馈的过程中应承担起育人的作用，促进小学生在被评价中得到发展。斯塔弗尔比姆也认为评价不是为了证明，而是为了改进与发展。因此，小学生劳动素养评价应追求育人性评价效果，育人的评价导向可以在更大程度上实现小学生的发展。育人性评价主要体现在教育者在评价过程中不以评价本身为目的，而是通过评价对小学生进行促进其全面发展的教育，同时为小学生劳动素养的培养提供助力。育人性评价重点关注小学生作为独立个体进行完整而全面的发展，不被学科的规定范围局限，能够在极大程度上促进小学生劳动素养的发展。

（二）在过程与情境中实施全面性评价

1.在过程中关注行为细节

劳动过程具有整体性，评价者既要关注劳动任务的最终完成效果，同时也不能忽视整个过程中小学生的行为细节。行为细节主要体现在劳动状态、劳动言语和劳动举措。劳动状态，即劳动时的情绪和态度，涉及的劳动素养包括劳动意识、劳动情感和劳动意志，积极乐观的劳动状态能够体现小学生存在的劳动意识、充沛的劳动情感和可能的劳动意志。劳动言语，即劳动过程中小学生对于劳动内容是否产生发言以及是否做出正面评价，涉及的劳动素养包括劳动价值观、劳动意识，围绕劳动主题进行发言能够体现小学生对劳动的参与意识，正面评价能够反映小学生承认劳动价值且具备良好的劳动价值观。劳动举措，即劳动过程中小学生的行为方式是否具备"劳动机智"，从而有效推进劳动任务的完成，涉及的劳动素养主要是劳动能力。"劳动机智"，即面对劳动过程中的突发状况能够有效处理并且促使劳动在正常轨迹上运行，具备"劳动机智"的小学生拥有良好的劳动能力。

2. 在情境中觉察心理状态

劳动教育课程中的活动任务需要创设与之对应的劳动情境，例如体验种植需要到田地中完成，将小学生置于大自然中，在劳动中体会"粒粒皆辛苦"的内涵。劳动情境能够影响小学生的心理状态，有效的劳动情境容易唤醒小学生的劳动意识，在特定的劳动情境中促进小学生表现出符合劳动要求的举动。小学生在与自然亲密接触的劳动过程中，自身劳动素养也会得到充实。❶ 因此，对小学生劳动素养进行评价需要在劳动情境中进行，在情境中觉察小学生的劳动心理状态，主要体现在劳动情感和劳动意志，在劳动情境中观察小学生的情绪状态和坚持程度。情绪状态，即通过小学生的神态与举止感受其心情的积极或消极；坚持程度，即小学生在劳动中持续的时间，积极的心态会促使小学生完成劳动任务，消极的心态会导致小学生半途而废。在劳动情境中觉察小学生的劳动心理状态是提升评价效果的重要途径之一。

（三）在集体与现实中实施有效性评价

1. 在集体中追寻个体动态

劳动需要在集体中合作完成，在劳动教学过程中应促进集体的合作与

---

❶ 赵荣辉. 劳动教育及其合理性研究[M]. 北京：中央民族大学出版社，2002.

交流，给予个体充分的集体空间，利用分配完成劳动任务的实践形式促进集体凝聚力。同时，还要通过集体对个体的劳动素养进行追踪，及时发现问题、提出问题、解决问题，根据进展状况对不同个体进行适当反馈。在集体合作中观察个体的参与度，参与度体现在小学生是否将身心充分融入劳动任务中，为集体输出自身劳动力量。劳动参与度会对劳动素养评价的完整性产生影响。虽然劳动任务是由集体共同完成的，但每个小学生的参与度存在差异。参与度高的小学生所表现的行为丰富多元，更有利于评价其劳动素养，相反，参与度低的小学生所表现的行为单一局限，无法对其进行劳动素养的全面评价。因此，在评价中应在集体中追寻个体动态，善于发现并动员参与度低的个体，使其真正融入集体劳动。

2. 在应然中结合现实状况

在劳动素养评价中，既要明晰小学生劳动素养的应然状态，又要结合现实状况进行调整，主要考虑群体多样性和劳动教育资源状况。群体多样性是指小学生群体内部的劳动需要存在差异性。例如，当白领家庭与务农家庭的孩子同时面对校园种植劳动时，其所表现出的状态和产生的价值体验可能截然不同。[1]要结合小学生的成长环境与经历调整评价标准。同时为避免分化，在分组过程中要将不同群体的小学生相互结合，促进其经验交流与劳动创新。劳动教育资源状况体现在因地理位置、城乡差异、学校性质等外界因素造成的实施效果存在差异。例如，城市学校会专门为学生建设劳动教育基地，山区学校有利于实施植树活动等。多元丰富的资源更有利于小学生充分发挥劳动能力，从而得到优异的评价，因此，评价者要结合现实资源状况通过多元因素对小学生的劳动素养进行衡量。

---

[1] 曾妮. 论劳动教育中的"体验"及其关键环节 [J]. 中国电化教育，2021（11）：9-15.

第八章 小学劳动教育的实践策略

人生在勤，勤则不匮。只有辛勤的劳动才不会辜负这美好的人间。劳动就像树木的根基、生命的泉水，一旦人类放弃了劳动，那么人们也就丧失了生存的根本。针对小学劳动教育实施中出现的问题，密切结合社会经济变化、家庭特征及小学生自身生活实际，从小学、社会、家庭及小学生等维度，积极探索小学劳动教育实施的有效途径，力求厘清小学劳动教育思路，将表面的理论知识与深层的实际需要相结合，帮助学生认识到劳动的真正价值，在劳动中实现自我的精神成长。

一、树立正确的劳动教育观念

近年来,我国政府制定了不少政策措施,主要目的就是完善劳动教育体制,这从侧面说明劳动教育工作在中国整个教育系统中已经占有主导地位,而目前劳动教育工作开展速度慢、成效不好,一部分原因就是父母与教师的劳动教育观出现偏差。要想提高思想认识,就必须从父母和一线教师的教育理念入手。父母与教师是学生发展过程中最关键的领路者,二者的劳动观念将会对学生的发展产生巨大影响。父母和教师的教育价值观都需要顺应时代的发展,如果总以老一辈人的思想观点去影响新生代的价值理念,那培育出的新时代人才无法顺应社会的发展趋势。对于一线教师而言,要明白劳动教育和"德、智、体、美"教育是不可分割的整体,不谈劳动教育是无法实现"德、智、体、美"教育的。对于学生家长,教师也要给予指导,告诉他们劳动并非单纯地打扫卫生,更是具有德育意义的一种教育活动,简单劳动对于学生的发展是不可或缺的。

(一)引领教师树立科学的劳动教育观

众所周知,教师是教育体系中离学生最近的,由于其身份的特殊性、与学生的亲密性,使一线教师成为一切教育教学行为的主要实施者。由于教师身份对于学生来说如此重要,为了树立学生良好的劳动价值观,一线教师必须确立正确的劳动教育观,而这正是高效开展劳动教育的根本。第一,通过组织教师采用"集中学习+个人自学"的方式,共同学习探讨有关劳动教育的政策文件及有关部委的重要讲话内容,让所有教师深刻意识到劳动教育的根本目的在于培育科学合理的劳动价值观。第二，通过党团引领，在全校教师间开展以"劳动教育"为主题的党团活动，在活动中集中学习国内外教育名人，如陶行知、杜威等人的论著。通过"集中学习+个人自学""集中交流+私下分享"的方式逐步让教师明白劳动教育不是让学生只有"苦心志、饿体肤"的体验，而是要通过这种体验培养学生的优良品德与逻辑思维能力，提高学生的道德判断力，发挥劳动教育的综合育人功能。不过，与传统课程教学的明显效果表现不同，由于劳动教育的社会影响更为发散、隐蔽，无法像应试教育那样可以通过具体的衡量指标，如考试成绩，来反映学生的学习成果、掌握程度以及教师教学方式是否正确等。也正因为劳动教育存在这样的隐蔽性，教师们更应该懂得劳动的价值，通过了解劳动的意义来制订一套衡量方式，逐步改变当下教师劳动教育观偏差的现状。第三，学校可以组织以"劳动教育"为基本内容的校本教研活动。在教研活动中一线教师们可以总结经验、研究方法、提出改进措施及方式，最终让所有教师统一教育理念，树立合理教育观，共创劳动教育氛围。第四，举办班主任劳动教育专业主题培训学习活动，加强班主任对劳动教育意义的认知，使班主任可以主动高效地引导家长认识到劳动教育的重要意义，为家校共育奠定基础。

（二）引导家长树立正确的劳动教育价值观念

孩子出生后第一次受到的教育源于父母，父母的言谈举止都是孩子学习的对象，并且父母的教育方式及个人想法观念都将直接影响孩子，成为决定孩子能否健康成长乃至成才的重要因素。倘若家长能够具备科学的劳动教育观，那么将会间接地帮助孩子建立科学的价值观念，从而为学校实施劳动教育提供保障。第一，通过学校对所有父母进行系统培训，并讲授家教的正确方式，说明溺爱孩子的危害，通过讲述案例等方式帮助家长明确劳动教育对孩子的意义。第二，利用家长会、家委会、座谈会多和家长交流，在交流中潜移默化地帮助学生家长树立正确的教育观。班主任积极号召全班家长配合学校的劳动教育课程，如按照学校要求监督孩子完成劳动任务、对孩子的劳动进行评价等简单任务。第三，班主任要利用好各宣传渠道，如通过"互联网+"方式宣传劳动教育的方法与理念，引导学生家长重视劳动教育并为学生家长的教育方式提供参考。

（三）引导小学生树立正确的劳动价值观念

虽然现代社会人们的思想都比较早熟，但是由于年龄与阅历的限制，小学生对于劳动的认知大多数情况下还都只停留在认知的表层，仅把需要耗费体力的任务当作劳动，这样的认识就比较片面。为了树立小学生正确的劳动观，就需要父母及教师的正确引导。第一，可以引导孩子在劳动过程中感知劳动的意义。在日常家务劳动时，家长可以和孩子说"你已经会炒菜做饭了，我的孩子真的长大了"，这些带有激励的语言能够促使小学生一步步认识到劳动有利于自己的身心成长，有利于促进家庭和谐，最终使孩子建立合理的劳动观。第二，劳动任务负责人应该在劳动任务完成之后引导学生反复思考劳动的价值。负责人也可以通过沙龙的方式让小学生在一起敞开心扉谈谈自己的劳动感悟，通过引导让学生体会到自己发挥的巨大作用与价值，激发学生因劳动而产生自豪感。第三，组织学生观察周围的劳动者，引导学生发掘各类劳动者发挥的巨大作用，通过留意各类劳动者在劳动时的严谨态度，让小学生认识到劳动很光荣。第四，向劳动模范者学习积极主动的正能量。带领学生收看各行各业劳模的报道、纪实片等视频资料，并举办"百行进校园"活动，让小学生了解正是因为社会上各行各业都有爱岗敬业的劳动工作者，才有我们现在井然有序的生活环境。通过以上方式对小学生进行引导教育，最终帮助小学生树立尊重劳动及劳动者、热爱劳动的科学劳动价值观。

（四）加强顶层设计

构建德、智、体、美劳全面发展的教育体系、建立科学规范的劳动教育制度体系，重点体现在精心设计劳动教育内容、完善劳动教育法的修订、健全劳动教育实施政策的出台、给予劳动教育以指导意见和指导大纲。第一，要加强劳动教育的立法性，比如在《中华人民共和国教育法》中加入"劳育"，完善《中华人民共和国职业教育法》，在提高劳动者素质方面进行补缀，为劳动教育的普及提供法律依据和支撑。第二，对学校劳动教育的育人目标、学科建设、实施路径、师资配备以及激励、考评等制定详尽机制。在育人目标上要明确规定培养德、智、体、美、劳全面发展的社会主义建设者和接班人，培养具有适应现代生产需求的劳动力人才。学科建设上也要紧紧围绕劳动教育形成专门的领导小组、使劳动教育具备自身管理的机构设置，配备优质劳动教育工作队伍、建立劳动教育体系并制定阶段性任务和目标、创新劳动教育工作的评价方式，形成育人合力。助力开发劳动教育的校本课程及其他综合实践劳动项目，教育者在教育内容上统筹安排，兼顾日常劳动、生产劳动、服务性劳动并开发探究性、综合化以及现代化劳动。在相关的校本劳动课程上配备具有专业劳动知识的教师，以便学生接受到专业的知识，在学期末的综合考核上将劳动教育课程成绩计入总成绩中并参与评奖评优，教师也相应得到奖励。广泛宣传劳动教育，通过媒体和其他宣传媒介宣传优秀劳动者事迹，宣传劳动教育的本质、内涵，进而营造出"尊重劳动者、人人爱劳动、劳动崇高和伟大"的浓厚氛围，使劳动最光荣成为全社会的共识，让每个学生都深刻体会到劳动教育对于个体的存在价值，要让每个接受劳动教育的学生体会到劳动教育是自身建设的重要构成部分。

（五）建立刚性的劳动教育体制

整合劳动资源，搭建学生劳动体验平台，建设劳动实习基地，建立劳动教育的保障机制。体制包含劳动教育的管理体制，目的是对劳动教育的实施进行监督，国家及各地区的教育行政部门应该加强对各个学校劳动教育工作的领导，不定期对学校开展劳动教育情况进行督导督查，避免教育过程中出现劳动教育单一化、形式化、惩戒化、娱乐化。完善劳动教育的评价体系，将学生劳动素质测评结果作为考核评价重要指标，并整合为成绩计入升学成绩之列，引导学生通过劳动享有一种获得感、喜悦感与成就感。劳动教育的保障体制是极其重要的，首先，要保证学生有时间和空间接受劳动教育，明确规定学生劳动课程的任务和课时，要保证劳动教育的课程化，使学生有充足的时间接受劳动知识，还要保障劳动教育实施在空间上的需求。除校本课程必修的项目，还应安排相应的实践活动，目的是让孩子们在课上学习的知识有展示的机会。其次，保障教育资源，要努力实现公共教育资源向劳动教育开放，仅有实施教育的场地是不够的，还需配备相应的教育资源，实现资源共享，加大劳动、劳动技术课及职业学校的内在联系，保证学校与企业、工厂间的有效衔接。开展多种形式的合作办学，注重理论联系实际，尝试创办半工半读学校及业余学校。当然，乡村学校与城市学校不能共用一套劳动教育模式，因为它们所处的位置不同、拥有的资源不同，如果共用一套劳动教育模式既不能满足城市学校充分拥抱大自然的需求，亦不能满足乡村学校充分接触先进设备器材的需求。因此，劳动教育模式要在最基础的条件下因地制宜，充分利用校本资源与本地资源。

劳动教育的体制包含示范体系，途径是建立学校—家庭—自身"三位一体"的互动模式。学校要起到模范带头作用，清晰地向家长和学生展现劳动教育的重要性和必要性。家长在受到学校的影响后领悟到劳动教育的功能可以培养小学生的公民性、理性和道德性，明白劳动教育是孩子身心健康和思想道德修养提高的重要方式。家长的言传身教会在生活中对孩子起到示范作用，家长无须事必躬亲，要相信小学生的潜质，学会放手，逐渐培养孩子独立的能力。比如，安排孩子和大人轮流值日、洗碗、缝补衣服、制作工艺品等。通过自由、民主、平等的劳动实现劳动的教化价值，在劳动过程中培养孩子对生活的热爱、独立自主的能力、勤劳有责任感的品格以及创新创造的能力。19世纪，瑞士著名民主主义教育家裴斯泰洛齐作为老师带领孩子们进行劳动教育，既充当教师的角色，又充当父母的角色。他一生开办了很多贫民孤儿院教孩子们纺织、木工以及多方面的劳动训练，按照孩子的年龄和班级，从易到难、由简至繁、循序渐进地进行劳动教育，避免孩子失去对劳动的兴趣。我们也应该根据小学生发展的阶段性和差异性开展劳动教育。

（六）加强劳动教育对人的身心陶冶

21世纪的中国正处于社会主义初级阶段，政治、经济、文化和社会生活之间还存在矛盾，中国社会的最主要矛盾是人民日益增长的美好生活需要和不平衡不充分的发展之间的矛盾。为了满足人民群众的需要、推动社会的进步，教育目的与方式应该有广泛而深刻的改变，培养高素质劳动者和全面发展的人才是长久之计。高素质劳动者的培养可以通过劳动教育来实现。具有精湛技艺的教师带领学生学习劳动知识、劳动技能，领悟劳动智慧和劳动精神。高素质劳动者应该具备"匠心"和"匠艺"两大特征，"匠心"包括对祖国的忠诚、对职业的专注、对事业的无私奉献等优秀的道德品质。首先，劳动教育在塑造"匠心"的任务中起到推动作用，通过劳动态度、劳动观点和劳动习惯的养成培养受教育者服务人民的责任感、发现问题并解决问题的实践能力以及创新创造的精神。马卡连柯提出要注意通过实际的农业劳动来培养学员的劳动观点和劳动习惯，在自我服务性劳动的基础上通过建立劳动集体培养道德品质。其次，劳动教育是掌握技术要领的重要支撑，充分接受劳动教育的受教育者通过重复性劳动，达到技术上的熟练，在一次次的练习过程中重新思考和发现新的问题，进而改进工艺流程，精益求精，大大地提高生产效率。

（七）营造主动学习氛围

引起学生对劳动认知的认同。随着社会发展以及社会观念的影响，很多学生对于劳动教育与自身的发展之间的关联认识不够，对劳动教育的概念理解存在片面化、简单化倾向，认为劳动教育就是单纯的体力劳动。社会劳动的分工不同导致对劳动人民划分等级的现象，除此之外，绝大多数学生缺乏对于国家有关劳动法律规定的认识等。措施是建立自上而下的宣传普及劳动知识和自下而上的学习氛围，教师应灵活采用结构主义教学方法，利用动机原则、结构原则、程序原则以及强化原则促进学生认知结构的发展，激发学生的好奇心，提高学生的劳动自觉性和能动性，使学生对劳动教育有更清晰明确的认识。

引起学生对劳动价值的认同。积极宣传劳模精神和工匠精神在社会中的作用和影响。除了在政策上关注、生活上扶持、对劳动模范的发掘和奖励外，广泛应用"互联网+"形式进行宣传，以典型劳动模范为基点、拓宽到日常生活中无私奉献爱岗敬业的普通劳动者，目的是引起周围人的共鸣。小学是价值观形成的重要阶段，合理利用社会资源向小学生传递正确的劳动价值观念，摒弃错误的拜金主义、享乐主义，劳动教育在实现自身价值和社会价值相统一的过程中不可或缺。

引起学生对劳动行为的认同。无声的熏陶是立体而丰富的。校园的绿化是很好的教材，教师带领学生从种子的挑选、种植、施肥、浇灌以及拔草，让孩子们亲眼见证和参与每个生命的成长，由此种劳动活动产生的满足感和自豪感是参与其他活动无法获得的情感。认识和了解更多花草树木的生长习性，拓宽学生的视野对学生的情感的培养是大有裨益的，除此之外，学校应该在不同的季节对当季植株和农作物进行集体展示，定期举办征文比赛、演讲比赛、观看电影等活动,引导学生积极参与到活动中,使学生加深对劳动行为的认同。总之,全社会都应竭尽全力为孩子们营造积极、快乐和幸福的劳动氛围,使劳动常态化、劳动自主化成为劳动教育的主要目标,使劳动自觉性成为劳动教育的最终落脚点。

二、开展生动有效的劳动教育

(一)加强劳动教育宣传

做好劳动教育工作,宣传是必不可少的,校园文化的搭建和培育也并非一朝一夕可以完成,通过不同媒介的大力宣传,新时代的劳动教育活动才能更有效地开展起来,充分提升学生对劳动的理解,并使其自然而然地融入实践活动中。在组织宣传工作时,要充分利用传统媒介和当代新媒体融合方式,不仅可以采取横幅、校报和校园广播等传统的媒介形式进行校园内部传播,还可以采取汇报、演讲、公开课等多种形式宣扬劳模的光辉事迹,通过讲述优秀工人事迹,使学生知道每种职业都是平等的、有价值的,任何人在平凡的岗位只要肯吃苦耐劳也能实现自身价值。除此之外,互联网时代下的教育宣传方式会更加快速和有影响力,比如学校官网或者微信公众号,都可以将劳动教育模范事迹更快速地传播出去,影响不同的受众。微电影《凌晨四点的劳动者》展示了劳动人民最真实的状态,将他们奉献自我、勇于奋斗的精神表达得淋漓尽致。只有做好劳动文化宣导,才能让当代的小学生真切体会到劳动光荣的精神理念,才能对传统文化有更深入的理解,才能对劳动教育有更高积极性。

（二）增设多样化的活动课

开展有关劳动方面的主题教育活动。学校应当将教育资源最大限度地整合起来，抓住每一次对学生进行劳动教育的机会。利用传统节日，如植树节、五一劳动节和端午节等，结合学生的实际，融入传统的劳动精神、当代的工匠精神等。开展多种形式的主题教育讲座和实践活动，使劳动教育活动更加丰富多彩。比如，在广东省，就有学校专门聘请了专家向学生们介绍农业基础知识。在浙江省，有学校组织以"农耕匠心"为主题的农业体育课。江西省也推广了"三爱三节"具有地方特色的实践活动。

组织学生开展"劳动教育"方面的主题班会。教师把印有各项劳动评价指标的家庭劳动记录卡发到家校沟通群内，与家长交流沟通，家长将学生在家庭中参与劳动的情况填写到记录卡上，然后上传到家校交流群。教师则负责对学生在学校里的劳动参与情况进行评估和打分，每个学期最少开展三次劳动教育相关的主题班会形式的活动，并且每次在班会开展前，学生自发地做好黑板报设计、教室环境布置及相关主题的演讲安排工作等。教师会在主题班会上对得分高的同学提出表扬以及颁发奖状并邀请他们进行经验分享，学生间的良性竞争能够激发每个同学都参与到劳动中，养成热爱劳动的好习惯。

实施校园文化建设活动。校园文化建设作为学校劳动教育的主要载体，对学校劳动育人起到很大的积极作用，要让劳动教育更好地与校园文明融合，学校可以使用文明建设橱窗、横幅，或者教室后面的黑板报来对劳动教育进行良好的宣传，也可利用视频来了解全国劳动模范的先进事迹，以此来感染在校学生，还可开展表达对劳动的热爱的系列活动，如手工制作比赛、班级卫生评选等。

实施各种公益性社会劳动，开展社会劳动教育。重点要以"青少年学生社会实践和创新性工程"为抓手，力争构建公益性、普惠化、开放型的"现代社会素质教育大课堂"。比如，上海市中小学志愿服务项目（公益劳动），建立了城乡社团实践活动基地近1900个，建立的学生实践就业职位近60万个，力图引导学生在服务他人、贡献社会的过程中，培育科学合理的劳动价值观，增强中小学生现代社会劳动能力。在浙江省，部分学校在一些有意义的传统节日中，如清明节、劳动节和重阳节，鼓励中小学生亲自走向城市街巷、社区、社会福利院等校外地点，进行劳动实践活动。

开展形式多样的义务制校园劳动工作。多市包括上海等地区已经开展了不同形式的校园劳动教育，如让学生们参与到校园的花草养护工作、校区环境的清洁中，甚至食堂卫生的管理中等。浙江省主要关注课堂教学中落实劳动实践性教育，开展多种形式的校内劳动，各中小学纷纷开辟校园农场、种植角，组织学生主动参加农业劳动。

积极开展提高小学生生活自理相关能力的培养及教育工作。目前，江西省已经关注到自理能力这一维度的劳动教育，他们要求学生从个人的书本、课桌、宿舍等的清洁工作等小事开始做起，并指导小学生积极进行力所能及的家务劳动为父母分忧，以树立小学生的劳动意识，培养良好的劳动习惯，增加生存本领。陕西省实行小学"四从"劳动教育，要求学生在学校从自己背上书包做起、在家里从力所能及的家务做起、在校内从卫生清洁做起、在校外从志愿服务做起，效果很突出。只有这样才能使校园文化活动真正地丰盈起来，劳动的内涵才能真正被感受，学生也才能真正领悟到中华民族的传统美德和劳动最光荣的文化内涵。

关注匠人精神。把匠心精髓和学习者的生活实际联系在一起，并提高学习者对匠人精髓的关注程度，从而带领学生走出课堂。例如，教师可组织学生游览匠人工作的主要场所，学习他们任劳任怨的工作作风和精益求精的工作态度，还可组织学生访问本地知名的匠人和劳动模范，并做好访问笔录,写好访后心得体会。通过聆听劳动模范的心路经历,学习者能够对匠心精髓有更直接的体验和认识,并能以劳动模范为主要学习对象,提高自身的综合素质,从而提升自己的劳动积极性和主观能动性。唯有如此,学习者才能看到在日常生活中随处可见的匠心文化精神,也才能更加透彻地理解劳动教育的深刻含义。正是通过社区实践活动,学生们有了更多的社会实践机会,在实践中体悟匠人行为,从而进一步提高自身的实际操作能力与劳动技能。学生在良好的校园文化中也能时时得到匠心文化精神的陶冶,深切体会劳动教育的意义与价值。

(三)加强各学科与劳动教育的融合

小学劳动教育不应当作为单一的课程进行讲授与教学,它要与各个学科课程综合起来,相互渗透、彼此融合。劳动教育与各个学科领域的有效融合能够帮助小学生形成正确的劳动价值观,并促使他们了解劳动在人类历史长河中所起的推动作用,也有助于小学生建立以劳为荣、以惰为耻的劳动荣辱观。其实,很多学科的内容都已经涉及了与劳动教育有关的知识,比如道德与法治课程内容里有不少是宣传劳动品质和劳动人民风采的。不同学科的教师都应当将劳动光荣的理念渗透在课堂教学中,抓住每一个合理的时机做好学生的劳动思想教育工作。这需要教师在教案设计和课程规划中关注劳动教育这一主题。这样学生在学习学科知识的同时可以培养正确的劳动情感。例如,在语文课上,教师可以通过给学生制定与劳动教育相关的命题进行写作,在写作过程中让学生思考自己的劳动价值观,重新判断自己的劳动习惯与技能,从而渗透劳动教育。劳动价值观是思想道德建设中很重要的一部分,所以在道德与法治的课上渗透劳动教育是很有必要的,教师可以通过有趣的劳动实践激发小学生对劳动的兴趣,从而让小学生能够抛开懒惰,爱上劳动。教育者将劳动教育融入各学科中,有利于推动学校劳动教育的开展,促进小学生全面健康发展。

（四）丰富劳动教育内容

对学生进行劳动教育不是指让学生们做一些体力劳动，它的课程内容应当是从理论到实践完整统一，既有理论的学习，也有实践的探索。然而部分学校在实施过程中，将劳动教育的内容简单化为口头讲述或打扫卫生，忽略了劳动教育工作中丰富的实践内容，这些观点通常都过分狭隘。所以，学校劳动教育的内涵也应当适当地拓展，第一，包括手工类活动，可以积极地指导学生参与某些用具的修理工作、课堂的装饰点缀活动，以及某些衣物的缝补工作。第二，家庭服务类活动，涉及家里的清洁卫生、内务收拾、刷碗做饭、倾倒垃圾以及衣物的洗涤晾晒等。第三，园林栽培管理工作，可以积极组织学生参加校园种植栽培管理工作和绿化美化。如普及校园栽培，设置若干专门的小区域栽培花卉或农作物等，由班级、社团和学生个人负责分管某一个片区。小学生的兴趣爱好是多种多样的，通过参与不同种类的实践活动能让小学生明确个人喜好，能为未来从业方向提供参考，而劳动教育的实践更有实效性。

（五）转变劳动教育方式

当前的小学劳动教育所采取的教学方式通常是理论的讲授，忽视了对学生实践能力的培养。传统的理论知识传授的方法非但没有取得所期望的教学成效，还可能导致学生对劳动教育课失去学习兴趣。因此，为了达成劳动教育预期目标，教师必须重视劳动教育教学方式，使理论传授与实践运用两种方式紧密结合。那么教师在授课中要注意把"请进来"和"带出去"两个方法有机结合。"请进来"是指邀请专家学者亲授，请劳动教育领域的研究人员莅临学校课堂为孩子们现身说法，向学生传授实操经验和技巧。"带出去"是指在学生掌握了一定的劳动知识后，教师要带领学生到校园外一些能够参与生产劳动的场地，通过劳动实践来传授理论知识。不同的实践活动能让学生产生不同的感受，掌握不同的技能，也使劳动教育的有效性有所增强。有些学校带学生去牧场上课,让学生们观看挤奶过程并让其当一天"挤奶工"。从一开始的害怕奶牛到最后的熟练挤奶体现出学生们掌握了一项劳动技能,也从这项劳动中体会到了劳动的快乐,懂得劳动的乐趣及意义。浙江省有些学校组织学生们去农村河里摸田螺,教师在教完如何摸田螺之后就让学生们自己实践,在实践过程中教师在旁边讲授田螺生长环境、繁殖过程等知识,让学生们在劳动的同时增长了知识,最后还将"一天的成果"做成晚餐,通过这样的劳动实践,学生们明白了粮食来之不易,更加懂得了《悯农》的深刻含义,体验到了劳动的乐趣。

三、协调各方劳动教育力量

当前,小学劳动教育还处于"衔接不够紧密,教师团队不足,教学资源欠缺,学校、家庭、社会缺乏协同"的现实困境。要走出这一困境,关键就在于构建上下关联、前后贯通的劳动教育协调共创机制。搭建促进校园、家庭和社区之间相互沟通合作的网络平台,将劳动育人机制扩展到学校、社区和家庭三个层面,共同参与,共同努力,将劳动教育融入各个环节,进一步明晰各主体的权力、责任与义务,厘顺各主体之间的协作关系,整合各主体的优势,加强各主体之间的紧密联系,进一步扩大劳动教育的时空范畴,提高劳动教育的育人效果。

(一)改善家庭劳动教育

1.激发小学生劳动意愿

教育从来就不应该是被强迫的一件事情。无论在学校还是在家庭中,教育者都应该激发小学生的劳动意愿，让小学生自主、自愿地完成劳动任务。孩子从出生开始就存在想要探索世界的愿望，家长应该做的就是将孩子这种向往自由的意愿与劳动教育结合起来，激发孩子的劳动兴趣，让孩子在劳动中收获自由与快乐。家长可以设置一些有趣的亲子活动来进行劳动教育。比如，对于一些低年级的孩子，可以采用讲故事的方式，在睡前或者闲暇时间给孩子阅读一些有关劳动模范的先进事迹，或者讲一些英雄人物的故事，用生动的语言和温和的语气缓缓地向孩子传递优秀的劳动精神，长此以往，孩子就会在潜意识中树立劳动光荣的观念，甚至会模仿一些故事中的劳动行为。同理，家长可以挑选一些优秀的影视作品作为亲子观影的内容，家长可以与孩子一起讨论影片中的劳动情节，并在旁进行适当的讲解。这种方式既满足了孩子想要娱乐的愿望，也包含了一定的劳动教育内容，可以说一举双得。

此外，随着网络时代的发展，家长之间的信息传递也十分便捷。家长可以把孩子在家劳动的过程以小视频的形式记录下来，并分享到家长圈或班级群里，小学生家长之间可以互相监督、互相鼓励，帮助小学生在劳动中成长。家长在进行劳动教育的过程中，要采用使小学生感兴趣的方式来激发他们的劳动兴趣，只有劳动被附加了兴趣的成分，劳动才有力量，劳动教育才有效果。

积极鼓励孩子劳动。鼓励可以起到很好的指导与启发作用。小学群体因其年龄特点，特别渴望获得教师和父母的肯定与表扬。第一，家长对小学生的教育要有耐心。孩子在家时，会进行一些劳动锻炼，但一些家务活儿可能无法独自完成，他们在劳动过程中，如果出现一些问题，作为家长，不能训斥孩子，应该多一些耐心，和善地对待他们，帮助他们独立完成预期目标。孩子能通过独立完成劳动获得自豪感和满足感。第二，作为父母，要培养孩子的自我意识，让孩子们养成自己动手去做一些事情的好习惯。而学生在面对一些学业压力增加之后，他们的学习任务量会随之增加，许多家长为了让孩子能轻松一些，帮他们做家务，这导致了学生的自我认识不足。所以，作为家长，应该锻炼孩子，而不是让他们逃避所有家务活动。应该让孩子们通过个人劳动，获得一些精神食粮。第三，在孩子们完成目标之后，家长应该给予鼓励和表扬，表扬的方法有很多，金钱奖励不能成为主导方式。只用金钱进行奖励，会误导孩子们的认知，把获得金钱作为劳动的动机。作为父母，对于孩子的精神价值观应该给予重视，通过积极赏识，使他们具有正确的劳动取向，从而获得心理的愉悦。

2.合理安排劳动时间

家长要根据家庭生活、工作情况，对孩子每日的劳动时长进行严格规定，并且在孩子劳动时，及时对孩子进行鼓励和督促，培养孩子的劳动习惯。家长可以固定孩子每周的劳动时间，长期坚持，能够培养孩子坚持不懈的个性品质。同时，家长要关注孩子的劳动过程并肯定其劳动成果。当孩子较好地完成一项家务活动时，家长可以给孩子颁发小红星，使孩子保持劳动积极性，同时真诚地指出他们在劳动中的不足，给他示范改正的方法。但要注意，劳动奖励应重精神轻物质，以免导致小学生为了"劳动"而劳动的行为。此外，家长在家中也要为孩子树立良好的劳动榜样，孩子通常是擅长模仿的，家长的言行都被他们看在眼里。因此，家长要以身作则，在家中也要采用严格的劳动标准约束自己，向孩子传递劳动的正能量。家长要将言传与身教相结合，要着重发挥劳动教育的教化作用，教育并不是一蹴而就的，教育的作用却可以影响人的一生。家长在对孩子进行劳动教育的过程中要采用适当的方式，让孩子体验劳动带给他们的快乐和幸福。

注重劳动兴趣培养。常言道，"兴趣是最好的老师"。学生对劳动感兴趣，能自主地参与劳动，那么他们的积极性就会很高，从而在这个过程中收获一些快乐。孩子们若对这些失去兴趣，参与劳动对他们来说就是一个痛苦且无聊的过程，他们参与时也不会全身心地投入，如果心不在焉，那么劳动效率必然低下，也就无法在劳动中获得实践知识。家庭的劳动场地并非只局限于家庭内部，对小学生而言，与家长的外出活动也会潜移默化地影响他们的劳动价值观以及对劳动的兴趣，家长可以根据孩子的兴趣点及其真正感兴趣的活动，有针对性地进行家庭劳动实践活动，在一些节假日，可以根据这个节日的风俗特色，带孩子参与各种各样的新奇活动，比如在冬至带着孩子包饺子，培养他们的动手实践能力，也可在阳台栽种花卉等易成活植物。小学生可以在亲身实践的基础上体会到家庭劳动的艰辛和劳动带来的乐趣。另外，家长也可以带孩子去陶艺展览馆、美术馆等活动场地，并指导他们进行陶艺创作，提升劳动能力，也可以在尝试创作的过程中感受陶瓷文化的魅力。通过丰富的家庭趣味性劳动，小学生会对劳动产生兴趣，产生激情，进而将劳动教育融入点滴生活。

3.选择合适的劳动内容

选择合适的家庭劳动内容也很重要。家长要根据自己孩子的实际情况为其选择合适的劳动内容。劳动内容要难易适中，过于简单或过于复杂的劳动都容易让孩子对劳动丧失兴趣，产生较差的劳动体验。劳动内容可以从基本的整理床铺、自己穿衣等自理劳动做起，逐渐过渡到如扫地、拖地、洗碗、擦窗户等家务劳动。合适的劳动内容容易让孩子产生劳动的满足感和愉悦感。同时，家长可以给孩子提供选择的机会，家长在孩子进行劳动前可以询问孩子的意愿，比如，你今天想扫地还是拖地，你今天想几点钟整理房间等，孩子能够感受到被尊重，同时积极性也会提高。

在日常生活中，家长要鼓励孩子自己的事情自己做。随着时代的进步，扫地机器人、自动洗碗机等科技化工具逐步进入万千家庭，孩子的劳动机会也被剥夺，家长要端正自己的教育观念，尽可能为孩子提供劳动机会。家长也可以与小学生一起劳动，让小学生在劳动中感受爱与亲情，增加亲子关系的紧密度，在这种充满爱与温暖的家庭氛围中，小学生的心灵也会受到熏陶，能够让小学生初步了解家庭责任意识。当家长和小学生都参与到教育活动中时，小学劳动教育的效果会事半功倍。

4. 发挥言传身教作用

处于小学年龄段的孩子的学习方式之一是观察模仿。作为孩子们的启蒙老师——父母，他们的一言一行都会对孩子产生影响。有研究表明，年龄小的孩子具有更强的模仿学习能力。在家长正确的家庭教育观念下，孩子都有"东施效颦"的可能，更何况教育观念有偏差家庭中的孩子呢？因此，父母对自身也应该有较高的要求，从而给孩子树立一个良好的形象，帮助孩子形成比较好的劳动意识和习惯，比如打扫自己房间，自己动手收拾书包，就需要家长和孩子坐在一起，共同地规划劳动时间，约定要遵守、不能反悔。一个喜欢劳动、热爱劳动的学生，就能做到对劳动人民的尊敬，也能养成自身良好的品质，并尊重其他人的劳动成果。如果父母希望与儿女共同进步，那么言传身教必不可少。

劳动是最基本的实践活动，顾名思义，劳动是脱离不开实践的。劳动教育不能只停留在书本上，也不能只听别人讲述，而应该让学生自己动手实践，俗话说"读万卷书不如行万里路"便是这个道理。小学生具备一定的知识，具有可塑性。如果引路人能引导小学生们参加实践，就会激起小学生对劳动的兴趣，之后通过"兴趣"这一老师，逐渐调动小学生参与劳动的积极性，提高个人的劳动技能。例如，在家庭中，孩子想在楼下空地上种蔬菜，家长应该给予支持并且鼓励。在学校中，教师应该按组平均分配劳动机会，编写值日表，让每个学生都能参与到劳动中为班级做贡献。这样不仅能增强整个班级的凝聚力，还能让小学生领悟到劳动既是一种责任，也是一种义务，还是一个宝贵的锻炼自我的机会。通过这些锻炼实践经验，小学生能从中体会到劳动的价值，从而增强对劳动的认知，树立正确的劳动价值观。

（二）倡导家庭、学校和社会的合作

加强家庭与学校的合作。在小学实施劳动教育时，家庭扮演着重要的角色。在劳动教育过程中，学校与家庭都担负着教育责任，家长是孩子来到这个世界接触到的第一位老师，在不认识其他老师之前，孩子们只会和家长学习，所以家长的行为在不知不觉中影响孩子。因此，家庭教育是其他一切教育的前提与基础。家庭与学校分工明确，首先二者需要确保教育理念统一，然后合二为一，通力合作，发挥各自优点，才能更高效地实现教育整体效益。

加强小学劳动教育并不是通过学校或家庭教育某一方面的努力就可以完成的，也并不能通过某一种方式就可以保障实施，从这种视角出发，需要学校教育和家庭教育通力合作，所以学校和家庭要一起研究恰当可行的方法，并制定合理的制度。第一，学校与家长可以利用手机 APP（如微信、QQ 等）搭建一条沟通"桥梁"，进行迅速高效的消息共享，使任何一方随时知道学生的状况，方便对孩子的动手劳动频率和能力进行深层次了解。第二，学校要对一些教育制度进行创新改革。学校要经常和家长进行沟通，了解孩子在家的情况，以及听取家长的意见，共同助力孩子成长。学校需要家长按照校内规定进行监督来加以贯彻，家长则积极配合将学生在家庭中的劳动情况详细地向校方反馈，而这些都需要家校之间的密切合作。家庭教育的优点就是贴近生活，因此家庭教育必须充分发挥这一优势，鼓励孩子多参加"接地气"的实践活动并将学生在家庭中劳动的完成状况向学校反馈，为学生劳动课程绩效评估提供必要依据。但是目前很多父母因为某些原因对劳动教育还存在偏见，作为"盟友"的学校要帮助家长树立科学的劳动教育观。唯有彻底对一些教育上的错误点进行改正，采用一些科学的方法，才能提高学生在家所接受劳动教育的质量，从而培养他们的实践创新能力。在德国，一些学校和家庭进行合作交流的方法值得我们借鉴。有些学者说，"德意志制造"之所以能成功，正是因为他们的学生从小便学习了比较全面的生产劳动技术。他们的家长心中有这样一个理念："一屋不扫何以扫天下"，因此在德国，为了能够培养出一批劳动巧手，孩子很小就要养成劳动的习惯。小学阶段就开设一些课程进行培训，对其有专门的老师进行指导和培训，通过了最终的考核，就能取得合格证；中学阶段要求孩子具备三个月的社会实践经验等，使学生从小就意识到成为独立生存的人，会令人倍感自豪。只有家庭、学校双管齐下，形成合力，劳动教育才能取得较好的成效。

促进劳动教育与社会教育相结合。想要高效地开展小学劳动教育，仅靠校内资源是远远不够的，还必须充分利用社会各方面的资源来为小学劳动教育的有效开展提供坚实保障。政府各部门以及企事业单位、社区等应积极响应国家素质教育的号召，配合学校共同开展劳动教育。响应国家号召，配合学校共同实现劳动教育是各企业应尽应负的社会责任，企事业也可以通过承担社会责任达到宣传的目的，可谓一举两得。各大企事业单位均可给学生提供基本的生产劳动实践场地，以支持由学校组织参与社会性活动，在活动中，让学生们体会劳动者的工作，感受不一样的人生，从而认识到劳动不易。社区可以为小学生提供参与劳动的平台和活动，并定期开展多种多样的社会性活动，在一些节假日，教师可以带领学生们去参加和节假日风俗有关的活动；在重阳节，教师可以引导学生到福利院探望帮助孤寡老人。学生们参与到这些有意义的实践活动中，能够不再局限于校园生活，从而树立良好的价值观，使自己的实践能力得到锻炼和提高，在社会中，学生们的自我劳动意识得到提高，这有助于未来的发展进步，因此，参与到现实的劳动中是劳动教育必不可少的一个环节。

（三）发挥媒体舆论的引导作用

在如今的信息化时代，想要推动开展小学劳动教育，必然要重视舆论传媒的导向功能。现代小学生接触信息能力较强，而舆论媒体、新闻媒介的传播极为广泛，且是目前小学生接收信息的主要渠道。舆论媒体、新闻媒介在相应平台上不断输出小学劳动教育的现实性及急迫性，不仅能提高小学生对于劳动教育的重视程度，也有利于学校管理人员、教师及家长的劳动教育价值观的转变，毕竟社会媒介也是学校管理人员、教师及家长获取信息的主要方式，是对公众价值观和思想引导的最有力工具和最主要途径。

在进行劳动的过程中，对于比较好的现象和结果应及时进行大力宣传，可使用如 QQ、微信等当下小学生使用频率较高的软件宣传，此外，还应该适当借助如抖音、快手等新媒体宣传造势，也可以通过央视频道的"十大杰出青年""感动中国人物"等节目来学习优秀工匠精神，这些节目也有利于宣传我国的优秀思想文化，培养劳动价值观。媒体舆论及互联网的反馈也可以成为教师选择劳动课内容及开展形式很好的切入口，为学校开展劳动教育营造了良好的社会氛围。

四、把握小学劳动教育新方向

（一）劳动教育要展现育人价值

小学劳动教育是我国综合教育体系中的关键一环，在促进学生健康发展方面具有重要的引导意义。政治经济快速发展的同时，社会文化也在悄悄地发生改变，这反映在大众对于劳动教育的看法和行为上。劳动教育被赋予了新的时代内涵。

从劳动与教育关系的立场来看,劳动教育不仅具有普通教育的属性,还具有特殊的教化价值属性。马克思也曾提到了他对于教育与劳动的看法,他认为不应把教育简单看作一种促进生产发展的方法,对小学来说,教育体现在其综合性能力上,包括智力、体力与劳动的教育。教育要与劳动以及智育、体育共同构成一种相对完整的体系。因此,劳动教育也就具备了普通教育的特征。从马克思主义的经典作家开始,劳动教育的命题就着眼于培育在体力、脑力上都获得全面发展的人。第一,人的心理和生理等自身条件都会随着不同的发展阶段而变化,但是无论处在哪一个具体的人生发展阶段,劳动教育都具有满足德、智、体、美等身体各方面需要的功能和作用。第二,随着新时代的发展,科学技术对于社会生活的作用日益突出,以脑力劳动为核心的劳动形态作用日益增强。过去,我们习惯于将教育完全融入生产劳动中,而现在,我们不仅需要将教育与生产劳动统一起来,更应该与时俱进,使劳动教育多元发展,致力于培养创新精神的时代新人。

此外,劳动教育还应注重培养人发展的内在价值。从古至今,许多思想家对劳动赋予了不同的内涵,狄德罗把劳动当作一种工具性的谋生手段,他认为,劳动是人类因其需要而被迫从事的日常事务。在这种情况下,劳动是用来奴役人的手段。黑格尔从精神层面对劳动进行了解释说明。他认为,劳动是停留在人的精神上的理性活动方式,具有内在性的特征。这也反映了劳动在培养人的内在价值方面的作用。对个体而言,劳动对于人自我价值的实现以及存在的意义感方面更为重要。劳动教育带给小学生的不应当只是身体上的变化,而是要达到使小学生的心灵以及精神都得到满足的目的,产生愉悦感与满足感。当前,我国许多小学生经常把劳动教育当作一种身体的劳作形式,只停留在做值日、打扫卫生这种浅层面的劳动形式，忽略了劳动对于人内在价值的影响。苏霍姆林斯基曾说："学生的任何一项劳动，应当不仅是物质价值的创造，而且也是自身价值的创造。"❶ 教育者在劳动教育过程中，要注意引导小学生自我价值的实现。

劳动教育要加强塑造小学生自我审视的能力，引导小学生正确地认识自身、认识他人及认识社会。培育小学生的审美能力也是劳动教育的重中之重。世界上到处都是美景，当拥有一颗纯真美好的心灵时，发现美、欣赏美的能力就显得十分必要。"人的心灵深处都有一种根深蒂固的需要，这就是希望自己是一个发现者、研究者、探索者。这种需要在小学生的精神世界里尤为强烈。"小学生的内心深处都有一颗想要认识世界、发现世界、探索世界的种子，如何让这颗种子破土而出、顺利生长，则是小学劳动教育应该考虑的问题。在小学生探索世界的过程中，对于美的感知能力尤为重要。一个人如果没有感知美的能力，那么，他的整个精神世界将是灰暗的。劳动是美的源泉，劳动创造了美。小学劳动教育应该包含对小学生审美情趣的培养，使小学生接受美的熏陶，成为具有一定审美能力的时代新人。

（二）因地因时开设劳动教育课程

课程是学生接受劳动知识最直接也是最主要的形式，不仅保障了小学劳动教育知识在教学中的系统性和综合性，也有利于为劳动教育的实践打下良好基础。因此，落实劳动教育课程、丰富劳动教育形式、因地因时地构建符合地区发展的劳动教育课程体系就显得尤为重要。

第一，要落实国家劳动教育课程。教育部对中小学的劳动教育课程和

---

❶ 苏霍姆林斯基. 帕夫雷什中学[M]. 赵玮，等译. 北京：教育科学出版社，1983：426.

课时的安排都做出了明确的规定，要求小学要将劳动教育纳入人才培养方案，提出小学劳动教育每周不少于1课时，小学要根据自身特点对小学生每天的课外劳动时间作出规定。在实施的过程中，小学劳动教育可以摆脱综合实践课程和技术课程的局限，将劳动课程与其他学科相结合，使各个学科之间相互影响、相互作用，在此过程中，要抓住适当时机渗透劳动知识，促进各学科统一和谐发展。同时，也可以适当配备地方教材。但是要注意，要结合各学科自身的特点，找到劳动教育课程与其他学科的共通性，切忌生搬硬套、一刀切。例如，四年级上册的"观察日记"，学生在开始习作之前，教师可以在课堂教学中适当对小学生进行观察指导，引导小学生正确观察豆子等植物的生长情况，这样既增加了小学生的常识认知，又在一定程度上培养了小学生的劳动能力。劳动教育的目的不只是教给小学生正确的劳动知识和劳动技能，培养他们的劳动精神和劳动品质也是教育的重点，所以劳动教育要抓住课程的主课堂。第二，教师要根据本校的课程方案和课程计划安排，在空闲时间适当布置劳动家庭作业。例如，教师在小学生放学后布置一定的手工作业或家务劳动；也可以利用小学寒暑假时间布置一定的社会实践作业。这种以生活劳动课、家庭劳动课及社会劳动课进行劳动教育的形式，不仅能保证劳动课时，还可以丰富小学生的劳动体验。

此外，劳动教育必须结合当地实际开展。小学可以结合自身实际，对教育内容进行整合、梳理，因地取材，开发劳动教育的校本课程。比如，小学可以将劳动与传统手工艺相结合，传承本地区优秀文化；也可以将劳动与科技小作品相结合，创新劳动形式，培养小学生的手脑并用能力；还可以开展一些防震、防火的演练活动，提高小学生的安全防护意识；也可以组织小学生进行一些农作物的种植和采摘活动；等等。多样化、多种类、多形式的劳动课程的开展，能够最大限度地改变学生对"传统"课程的看法，在提高学生劳动兴趣的基础上，进一步提高学生的动脑、动手等综合能力，培养小学生的创造力。总体来说，劳动教育要充分结合当地的生产生活实际，综合利用本地区的劳动资源，走出校园，在自然和社会实践中感触语文、科学、自然等多学科的知识，综合提高小学生的劳动素养。

（三）劳动教育方式要体现时代特征

劳动精神只有通过一定的劳动教育形式才能融入现实的劳动教育活动中。劳动教育方式的组织与实施，不仅需要结合小学生的成长特点，同时要紧跟时代发展的脚步。随着新时期网络技术的进步，互联网的主体使用用户呈现出一种低龄化现象，其主体内容也发生了变化，以游戏性劳动为代表的新型劳动需求急速增加，创新了当前已有劳动教育的形式。"对孩子来说，游戏是最严肃的事情。"[1]在游戏的虚拟世界中，小学生将体会到在现实中没有的劳动场景和劳动方式，体会自主与愉悦的心情。皮亚杰提到："游戏就是把真实的东西转换为他想要的东西，从而使他的自我得到满足。"[2]皮亚杰认为，学生能够在进行游戏时满足自我的现实需要，通过虚拟的网络世界解决在现实生活中无法解决的问题。小学生意图通过游戏中的一些虚拟场景和自我想象来改善现实的生活世界，从而获得自我满足。在游戏中，劳动的精神得以体现。劳动与游戏一脉相承、相互贯通。最初劳动作为一种保证人类生存的手段，随着生产力的发展，劳动的作用逐渐转变为满足人个体的需要，劳动的内容增加了游戏活动的形式。当劳动不再被束缚于生存的艰辛时，劳动的意义就倾向于游戏带给人的愉悦感和满足感。对于处于小学阶段的小学生来说，劳动本身就蕴含游戏的精

---

[1] 苏霍姆林斯基. 育人三部曲[M]. 毕淑芝，等译. 北京：人民教育出版社，1998：102.
[2] 让·皮亚杰. 小学的心理发展[M]. 傅统先，译. 济南：山东教育出版社，1982：43.

神,小学生在劳动中充分发挥想象力和创造力,构建自己的心灵城堡。因此,劳动应该与游戏恰当结合,充分发挥各自的优势,使小学生在劳动中收获快乐、获得成长。

当前基于各大网络电商平台推出微公益活动就是一个典型代表。在支付宝 APP 中,推出了大量的网络公益活动。例如,"蚂蚁庄园""蚂蚁森林""捐步数"等活动,小学生通过"养小鸡""种植树木"等虚拟劳动形式,参与到社会公益活动中,这种方式不仅可以提高小学生的游戏乐趣,也培养了小学生的善良品质和乐于奉献的精神。未来是大数据的网络时代,如何将劳动教育与网络平台更好地衔接将是教育者应该着重考虑的问题,脑力和体力相结合的创造性劳动将处于各种劳动形式的主要地位。小学生更期待在劳动中获得自我满足和自我成就感,而新媒体的网络传播将这种体验和感受扩大化,这是网络媒体受青少年欢迎的一大原因。所以,在新时代,小学劳动教育应该创新教育方式,以更新颖、更易于小学生接受的方式进行,以切实提高小学劳动教育的效果。同时,必须加强新媒体网络的宣传力度,发挥网络的积极导向功能,定期的劳动教育宣传有利于营造社会劳动氛围,培育小学生的劳动认知力。国家可以在节假日借助网络平台、广播电视、公交展示牌等对劳动教育的相关内容进行宣传,以期在社会上形成爱劳动、诚实劳动、辛勤劳动的良好风气。总之,社会媒体的积极参与是劳动教育实施的有力保障。

(四)劳动教育内容要符合小学生身心发展特点

小学阶段的劳动具有特殊性,主要表现在"小学生劳动"所蕴含的意义中。劳动教育的内容应该符合小学生身心发展的特点。杜威认为,学生是中心,教育措施应围绕他们进行组织。小学生是教育的主体,在实施劳动教育的过程中,教育者要更好地关注学生在各个成长阶段遇到的困惑,同时,也不能忽视他们的心理活动,只有考虑到小学生的特殊性,才能更好地组织和实施劳动教育。

　　首先，教育者要选择合适的劳动教育内容，总体的内容设置应符合学生的心理需求。当小学生面临勤奋与自卑的心理冲突时，如果处理不好，小学生在学习上甚至以后的生活中将失去信心。因此，教育者要给予小学生充分的关注，根据小学生的心理及身体生长特点实施劳动教育。比如，在一年级，小学生刚刚从幼儿阶段步入小学阶段，相关的劳动行为习惯尚未建立，因此，可以开展新生入学培训，增加劳动训练的活动。例如，整理书桌、捡拾垃圾、清扫教室等活动，教师可以亲身示范，让小学生跟着做。小学生进入二年级后，可以适当增加一些校内活动或家务劳动。在校内日常活动中，可以进行一月或一学期考核，师生、生生之间互相进行筛选、评比，通过民主的方式选出大家公认的"劳动小榜样"，同时，对于优秀的学生给予相应奖励，以激起学生的劳动热情。在小学生进入中学段的学习之后，教师可以适当增加社会公益活动主题，让小学生收集相关劳动资料，做一些有关宣传、演讲的活动，培养小学生的公益劳动意识。在进入高学段之后，教师要注意培养小学生的劳动精神，培养他们自主自愿劳动的能力，培养他们服务社会的意识。小学生可以走出校园、走进社区，开展如环保节约、日常食物识别调查、关爱老人等集体活动，整合社区和社会等各方面资源，让小学生感受爱与奉献的精神，体会人间的善良与真挚的情感，增强他们在以后生命中拥抱生活、热爱生活的能力。劳动对于小学生来说，具有更加积极的意义。当然，正因为小学生的特殊性，他们所进行的劳动不可能达到成人的要求。成人劳动与小学生劳动都具有各自的特点，也有其各自存在的价值和意义。因此，教育者要认清小学生劳动的特点，给予小学生更多劳动实践机会，让他们走进大自然，拥抱大自然，让小学生自由地成长，让小学生充满蓬勃的生命力，使其内心得到充盈、丰富的同时，身体更加健康。

其次，劳动教育内容要关注小学生的纯真本质。"人之初，性本善。"每个小学生在出生时都是天真的、纯洁的，世间的一切都未曾渲染，劳动将会使小学生的这一特征显现出来。小学生享受劳动的过程，适当的劳动会使小学生产生愉悦感。黑格尔曾说：劳动有助于培养小学生的"善良心地"这一基本品质。小学生的劳动不具有功利性，他们自愿地进行劳动，这是小学生的天性使然。成人在劳动的过程中会产生复杂化倾向，他们会考虑众多因素，致使他们在劳动的过程中会产生矛盾心理，懈怠劳动甚至抗拒劳动。这是因为成人劳动往往是为了追求物质的满足，与小学生不同，一旦最终收获的结果不尽如人意，成人会放弃劳动。小学生则在劳动的过程中发展自我，表现自我。他们享受劳动的过程，在劳动中寻找乐趣，如果小学生体会到这种乐趣，就会激发小学生劳动的热情，这也有助于拓展小学生的精神世界。因此，教育者在安排教育内容时要适当，要布置适合小学生的、能够激发小学生兴趣的内容。

五、构建小学劳动教育实践体系

（一）劳动教育与德、智、体、美四育相结合

劳动教育与德、智、体、美四育一起构成了全面发展的教育体系。首先，劳动教育要与道德教育相结合。良好思想道德信念的确立是小学乃至成年人都必须学习的一门课业，它贯穿于人的整个生命生活中，是人类在面对社会时的第一条生存准则。对小学生来说，道德信念的形成是一个积极发展的过程，小学生不应该"被动"地等人教，而是应该自己主动去思索、去建构。只有当某种崇高的信念确立在学生的头脑中时，学生才会自

愿去做一些伴随在他们生活中的劳动工作,才能够体会到劳动对于个人及社会生活的益处,认识到劳动才是满足自身需求的手段。

小学生是很注重劳动结束后的体验感和道德感的,他们对为什么劳动总是保持着强烈的好奇心及敏感性。因此,学校在组织集体劳动时,应该向学生阐明此种劳动的目的和道德意义,引导他们去做具有社会意义的事情。否则,如果学生发现劳动只是为了满足个人需要及懒惰的人对工作的懈怠,那么他们将会对劳动失去兴趣,甚至会厌恶劳动,这会使劳动失去道德教育的意义。劳动过程通常是单调的、乏味的,甚至是无趣的,小学生难免会在劳动中产生懈怠的想法。因此,适宜的道德激励和信念的支撑往往会增加小学生对劳动的热爱,使他们能够保持对劳动的热情。在日常劳动过程中,教师及家长都应该及时向小学生传递正确的劳动思想,让他们在内心树立劳动可以改变生活及改变自身的信念,相信劳动可以创造美好生活。劳动不是教育的最终目的,而是让学生带着这种坚定的信念去面对生活,勇敢地面对生活中的波涛。劳动是确立学生道德信念的有利手段,只有当学生内心有高尚信念做支撑时,他才能理解做某事的真正目的,发现自己在学习、生活中的错误行为,通过不断反思,改变和提升自己的信念感、道德感,这也是学校开展劳动教育的最终目的。

其次,劳动教育与智育相结合,落实课程教学。在劳动实践过程中,培养小学生的思维力和创新能力。在劳动课上,教师可以给小学生布置相关的劳动任务和劳动目标,小学生围绕这一任务,小组间进行交流和合作,每人提出自己的看法和意见,最终小组成员共同对这一任务进行编排和设计。小学生只有在实践中才能发现问题,在解决问题的过程中,学会在脑海中搜寻之前课程中学过的内容并进行筛选,最终运用在实践中。通过这一系列的思考、运用,学生对这一知识点的掌握会更加牢固。同时,劳动课程也蕴含丰富的育人价值。新时代要求青少年要敢于创新,勇于创新。而质疑问题的能力往往是一个人创造力产生的开端。劳动是引发疑问的源头，是开启小学生智慧的钥匙。在教学过程中，教育者要不断引导小学生，使小学生掌握正确思考的方法，鼓舞小学生，尊重小学生，使他们拥有敢于提问的勇气，营造良好的积极的学习氛围。同时，在劳动实践中，教育者要鼓励小学生思考，让他们自己尝试解决劳动中遇到的新问题，及时与小学生沟通，只有这样，才能更好地发挥劳动教育与智育相结合的优势，充分挖掘小学生的潜能。"学生的能力和才干来自他们的指尖。形象地说，正是来自手指的那些细小溪流在补充创造性思维的源泉。"❶苏霍姆林斯基认为，只有进行了具有创造性的劳动，小学生的精神和文化才能够得到提高。从他的观点可以看出，创造性的劳动可以开发人的思维，手脑结合的劳动教育有利于培养小学生的创造性。

再次，劳动教育应与体育相结合。健康的体魄是小学生进行体力劳动或脑力劳动的主要支撑。只有当身体处于健康的状态时，小学生才有足够的精力和精神去处理生活中丰富的劳动活动。与此同时，适量的劳动任务也有利于小学生身体的成长和对精神生活的追求。对小学生来说，在户外的体力劳动同室内的知识学习一样重要，他们通常很愿意参加这样的活动，尤其是集体活动。他们会把这样的劳动活动当作一种锻炼、一种在他人面前展现自我的方式，期待获得他人的赞美和夸赞。同时，劳动还赋予了小学生身体的美感。劳动使他们身体的协调性得到发展，使他们的身体看上去更加挺拔笔直，增强了身体的柔韧性。劳动将会使小学生认识美、发现美，进而去寻求美，力求把劳动的过程变成一种美的享受。

学校的劳动活动大多要走出校门，走进自然。如果条件不允许，学校也可以在本校的体育馆或操场上进行劳动活动，尽量确保每个学生都能受

---

❶ 苏霍姆林斯基. 育人三部曲 [M]. 毕淑芝，等译. 北京：人民教育出版社，1998：275.

到劳动的锻炼。低年级的学生可以观察校内树木花草的生长情况，培育粮食种子，进行简单的记录；高年级的学生可以走出校门，进行植物的种植、采摘。教师在进行室内的体育教学时，要教授学生关注自身的体态美和力量美，让学生在运动过程中体会到体育的美感。体育锻炼是小学生必不可少的户外活动，但是这一定是适量的，适度的体育活动项目可以增强学生的体质。同时，室外新鲜的空气和优美的环境有利于学生心情的平复，使他们紧张的学习神经得以放松。只有当一个孩子拥有一个健康的童年时，他才能够获得未来生活的完满乐趣。

最后，劳动教育与美育相结合，有利于培养小学生的审美能力和塑造美好的心灵品质。小学生天生是纯洁的、善良的，进行一定的劳动活动可以保持小学生的这一品质。教育本身就是培养或者保持人的这一向善品格的活动，小学生通过这一美好的品质去探寻生活中的爱与美。在与自然亲密接触的历程中，小学生可以自主选择感兴趣的劳动活动，当他们看到一颗植物由种子到结出果实的生长过程时，小学生将会直接感触到生命之美，感悟到生命的力量。以小学为依托，开展如"植物的种植养护""我为校园做绿化"等活动，小学生可以直接参与其中，在观察植物的过程中，将不同季节的植物形态画下来并在班级内进行展示，这种活动不仅会激发小学生对自然的热情，也有利于培养他们善于观察、勤劳的品质。在此过程中，小学生加深了对客观世界的认识，在改造客观世界的同时也完成了个体经验的积累。教育家苏霍姆林斯基曾指出："每个人都能感受大自然的美、音乐旋律美、语言美，而这种感受则有赖于他的积极行动，所谓积极行动，是指可以感受、创造和评价美的那些劳动和创造、思想和情感。"[1] 劳动是发现美、创造美的源泉，只有将劳动教育与美育结合起来，

---

[1] 苏霍姆林斯基. 帕夫雷什中学 [M]. 赵玮，等译. 北京：教育科学出版社，1983：445.

社会中自然、音乐、语言的魅力才能得以凸显。

（二）完善劳动教育评价督导机制

教育评价是劳动教育实施效果的检测器。因此，完善、规范、有效的劳动教育评价体系亟须建立。考核评价的主体应该多样化，小学、教师及小学生都应该参与其中。

在小学方面，评价重点在于对小学的劳动教育管理运行情况，包括劳动教育课程的设置、劳动教育的师资力量、劳动教育资源开发、劳动教育设施配置等方面。在教师方面，评价重点在于教师的工作完成情况，包括劳动课教学、劳动课程设计、工作表现等方面。教师不仅是小学教学工作的主体，也是小学劳动教育的直接实施者，因此应该对教师的教学工作进行完善的考核和评价。考核结束，其结果应该在校内进行公示，作为教师以后评优、评职称的依据，增强教师的积极性和紧迫感，进而提高劳动教育的教学质量。在小学生方面，要注意评价方法和方式的多元化。评价重点在于对小学生的劳动态度、劳动活动完成情况、劳动能力、劳动价值观等方面，小学应该将劳动素评价纳入小学生综合素质手册中，采取多样化的劳动活动，将活动的劳动结果进行真实细致的记录，作为小学生升学及评优的依据。在评价方式上，要将发展性评价与结果性评价相结合，对小学生的劳动情况进行综合全面的考评，关注小学生不同阶段的劳动成长变化。第斯多惠认为，教学艺术的重点，不在于教授技艺，而在于唤醒、鼓舞与激励。可以增加师生互评、生生互评、家校互评的内容，激发小学生的积极性，使他们更好地参与其中，这也有利于建立良好的师生关系，间接地提高劳动教学效果。

此外，劳动教育也要落实教育督导体系。根据学区的划分，政府及教育部门可以建立劳动教育监察督导小组，定期对各小学的劳动教育实施情况进行考察，包括小学的劳动课程计划、劳动课程内容、教师的教学质量、小学生的劳动表现、劳动物资设备等方面，通过进校视察、观摩劳动活动等形式进行评估。同时，可以针对各小学不同的问题给予及时的指导和更正，帮助小学制定切实可行的教育方案。督导评价的结果可以作为考核小学业绩及小学负责人的依据，提高小学对于劳动教育的重视程度，进而保障劳动教育的有效实施。

（三）加强劳动教育人才队伍建设

教师是劳动教育人才培养的主力军，教师的劳动思想和专业水平直接影响小学生的劳动意识和劳动能力。首先，要提升教师自身劳动素质。随着时代的发展，教师的教育理念不断更新。"变革先变心"，教育行为的变化要从"心"开始。当前教师应该在意识上对劳动教育重视起来，提升自己的思想观念和精神面貌，深刻认识劳动教育的新时代内涵，认识到劳动教育对人精神价值的影响作用。教师是小学生前进路上的指明灯，每位教师虽然只出现在小学生成长中的某一个阶段，但是其对小学生价值观念、人格塑造等方面的影响则是一生的。教师只有转变劳动教育观念，以身作则，才能够教导学生，引导学生，帮助他们建立良好的价值观。教师可以发挥自己的专长，将劳动教育与自己的学科教学内容相结合，潜在地激发小学生内心的兴趣，使他们在潜移默化过程中提高自身能力。

根据各小学的实际情况，逐步培养、建立优质的劳动教育教师队伍，适当地扩充教育师资，提高劳动教育教师的薪资待遇。对于在劳动教学实施方面表现优异的教师可以给予表扬和鼓励，并进行模范宣传，提高教师的工作积极性。此外，有条件的学校可以聘请外校的相关技术人员，到本校进行劳动知识、技能的实操讲演，或者招聘有意向的劳动技术人员，扩充劳技教师队伍的同时，对校内劳动教师进行专业指导，更有利于劳动实践的顺利开展。小学还应定期开展劳动教育培训，以提高教师的劳动意识和爱岗敬业的态度，增强教师的专业技能，拓宽教师的专业领域，以此提高劳动教育的效能。

六、丰富小学生劳动教育实践体验

小学生的劳动体验感是检测小学劳动教育实施效果的标准之一。小学生在参加劳动活动时,他们的劳动认识和劳动机会,生活能力的培养以及劳动价值观的树立等都是影响其劳动体验感的重要因素,因此,教育者在进行劳动教育时应该综合考虑以上因素,让小学生尽可能地产生充实、愉悦的劳动体验。

(一)提高劳动价值认识

价值是指某一事物对主体产生的积极意义,即一事物具有满足主体某种需要的功能和作用。劳动教育的价值属性决定了它对于人的发展的重要功用。但是在当前的劳动教育中,小学生存在劳动思想认识不清、劳动行为懈怠散漫等现象,这些需要引起教育者的重视。思想是行动的先导,小学生在劳动教育中出现的种种问题都与小学生不当的劳动价值观念有关,因此,提高小学生的思想价值认识是实施好劳动教育的第一步。

首先,小学校园文化建设十分重要。在校内,教育者应该向小学生弘扬优秀的文化价值观,摒弃不良劳动观。相较于语言劝导,小学阶段的学生对事物的直观感受更为强烈。因此,小学可以通过举办一些多彩的校园活动来对小学生开展较为直观的劳动教育。例如,在日常的校园活动中增加一些劳动教育的内容:校园的劳动小广播、主题班会的劳动故事分享、国旗下的劳动精神等,让小学生在意识上重视劳动。在小学生已经了解劳动的基本概念之后,再通过一些网络渠道方式,在学校的线上线下营造校内劳动的热潮，烘托热烈的劳动氛围。再次加深小学生的劳动意识，通过网络投稿"校园劳动小能手""劳动标语创意设计"等活动，提高小学生的积极性和参与度，进一步增强小学生的劳动认知和情感认同，在自身实践中感受劳动之美，激发他们内在的劳动生长力。

其次，重新塑造新时代的劳动精神。劳动不仅仅是为了满足个人的需要，实现个人利益价值的提升，更为重要的是劳动在家国层面的创新精神和奉献精神的体现。新时代，劳动的内容和形式在受到政治、经济、文化等方面的影响后进行了一定的革新，但是，我国传统的"艰苦奋斗""甘于奉献"的时代精神没有变，劳动的育人价值没有变。在劳动中，小学生需要付出辛勤的汗水，感受劳作的艰苦，在此过程中，他们的心性和意志都会得到磨炼，同时，他们也将收获丰收的喜悦，感受自然的变换，当第一粒果实落地时，他们才真正感受到劳动创造美好生活的真谛。教育者要告知小学生的是劳动从来不是低下的，从事劳动工作的人民是值得敬佩的。要引导小学生树立诚实劳动、勇于开拓的劳动观。劳动使小学生有机会接触到一些新领域、新事物，并对事物进行一系列仔细、认真的观察和研究，在储备相关知识的同时，一些思维灵感也会不断闪现，这为小学生打开了创造力的大门。因而，教育者不仅要让小学生树立起正确的劳动价值观，重要的是帮助小学生理解劳动对于人类社会发展的重要意义，让他们热爱劳动、真诚奉献，提高劳动对自身及社会产生效用的能力，为祖国的伟大复兴作出贡献。

（二）增加劳动实践机会

劳动教育不能拘泥于校内实践，要走进自然，走进小学生生活，给小学生提供多样化的劳动机会，提高他们的劳动体验感。劳动本源就来自自然，最终必然要回到自然中。就像教育家杜威所言："人需要地面供他行走，人需要空气供他呼吸，人类必须把自己作为自然界的一部分才能去适应其他部分，从而更好地生存。"❶大自然给予了人类充足的教育资源，教育者应该依据小学生的成长规律到自然中去挖掘适合他们的学习资源，给小学生提供具有教育性的实践活动。例如，教育者可以组织小学生参加植物种植、果实采摘、小饰品制作等生产劳动，在自然中接触课本中的生物、科学、语文等多学科知识，在实践中学以致用，不仅能提高小学生的综合劳动素养，还能进一步培养他们勇于克服困难、敢于吃苦的优秀劳动品质，将勤劳肯干与学科智慧相结合，更好地丰富小学生的劳动经历，开阔小学生的劳动视野，进而培育小学生的劳动心性。

此外，劳动教育要融入小学生生活，加强小学生与家庭、社区、社会的劳动合作。小学生要走出教室，参与到社会实践中。例如，参加街道清扫、进行垃圾分类、摆放共享单车等社会服务活动，提高小学生为民服务的意识，增强小学生的道德感和责任心。小学生还可以结合当地特色，利用政府经济平台，开展劳动科技创新活动。例如，开展"我的智慧小发明""我为校园做模型"等创意活动，充分激发小学生的创新意识和创造能力。小学生通过在网上查找资料，自己思考设计，最终进行成果展示，在动手操作的同时，大脑也得到了训练，手脑的协调配合有利于打开小学生的智慧大门，进而鼓舞小学生的创造热情，提高其创新能力。人生具有无限的可能，教育者要给小学生创造更多的劳动实践机会，并不断地鼓励、肯定他们的劳动成果，只有这样，小学生才能以持续饱满的热情参与到劳动实践中，最终获得良好的劳动体验。

（三）增强生活劳动能力

生活劳动能力在某种程度上是小学生自我服务劳动的体现。自我服务劳动更倾向于一种日常生活的劳动。苏霍姆林斯基曾说："孩子的智慧出

---

❶ 赵荣辉. 论劳动教育的实践取向 [J]. 教育学报，2017：13（1）.

自他的手指上。"❶ 教育者要逐步指引小学生建立良好的劳动行为习惯，让他们学会自己的事情自己做。从幼儿的起床、穿衣、刷牙到低年级的整理书包和床铺、洗涤衣物等，根据小学生年龄阶层的不同，由简到繁地培养他们的自我劳动能力。长此以往，小学生就形成了自我劳动意识，逐渐能整理好自己的生活物品，逐步学会照顾自己，自然而然地，在走向社会时，他们也能够适应并学会独立生存。在此过程中，小学生逐渐明白，劳动成果的享受只有付出辛勤的劳动才能获得，进而树立正确的劳动价值观。

根据埃里克森的人格阶段论，小学阶段的小学生需要顺利完成求学、待人处事的自我需求，如果处理不好，则会产生挫败感，对未来生活失去信心。因此，对小学生进行劳动教育时，教师要考虑到小学生的心理需要，让小学生掌握基本的日常生活技能，训练他们生活的能力，培养他们对周围人、事及生活的信任感，促进小学生健康人格的养成。在教育过程中，家长要注意引导小学生正确地掌握一定的劳动技能，再放手让小学生自己去做，可以制定项目周卡或月卡，定期培养一项劳动生活技能。教育家乌申斯基认为，教育本身如果希望人能得到幸福，它就应当培养人从事劳动的习惯和对劳动的爱，它应当使他能为自己找到生活中的劳动。日复一日的劳动行为才能充实小学生的生活，激发小学生的自我能动性，将劳动的价值发挥到最大，促进小学生形成爱劳动、爱生活的健康品质。

（四）体会劳动光荣情感

小学生劳动情感体验的获得是进行劳动教育实践的重要目的。随着小学生的成长，小学生的情感内涵不断发生变化，由表面上喜欢厌恶的简单表达逐渐趋于更为丰富内敛的复杂叙述。小学生的内心较成人来说更为

---

❶ 苏霍姆林斯基. 帕夫雷什中学 [M]. 赵玮，等译. 北京：教育科学出版社，1933：6.

敏感，一旦对某事物产生不良情绪，将直接影响其后续的行为表达。因此，在劳动教育过程中，良好的劳动情感体验对小学劳动教育的实施至关重要。

时代的发展需要所有人的共同努力，而青少年是新时代的主力军，因此，教育者必须向他们弘扬劳动的精神、培养其崇尚劳动的人生观，以期他们能在以后的人生中诚实劳动，用劳动创造美丽的人生。现在由于受到市场经济的影响，青年的父母群体面临精神和物质的双重考验，这也在一定程度上影响了孩子的劳动态度。受到时间和生活条件的限制，部分家长一般不会也不愿对孩子的劳动情况进行监督，这就导致孩子远离劳动、劳动兴趣降低、劳动能力下降等现象，劳动所蕴含的精神力量被淡化。因此，大力弘扬劳动文化精神，营造劳动光荣的情感氛围刻不容缓。首先，在社会上弘扬劳模的精神。利用社交媒体和网络平台，将生活中那些优秀劳动模范的事迹广泛传播，这些发生在小学生身边的真人真事，能够增强小学生的情感认同和劳动真实感，更容易让小学生感受到劳动的魅力，树立起尊重劳动、尊重劳动者的价值观念。其次，小学可以通过组织小学生集体观看公益劳动的相关影片和参加线下的公益实践活动，让小学生亲身体验劳动带来的快乐，感受劳动给自身带来的充实感和满足感，在浓厚的劳动氛围烘托下，小学生爱劳动、劳动最光荣的劳动情感将被充分激发。

七、突出小学生的主体地位

（一）创设彰显小学生主体性的劳动教育条件

主体性的培育和发展是一个复杂、漫长的过程，小学生是身心发展未成熟的人，通过劳动教育培育和发展小学生的主体性是一种有效的方式。虽然劳动教育能够培育小学生的主体性，但教师要组织、开展好劳动教育，学校和社会还要发挥好协同作用，劳动教育才能发挥出自身的附加功能，在一定程度上培育和发展小学生的主体性。劳动教育在时间上先后展开，分为劳动教育前、劳动教育中、劳动教育后三个环节。劳动教育开始前，教师要向小学生传授相关的劳动知识，劳动知识指的是小学生在劳动教育实施过程中必须提前知晓、了解的知识，属于陈述性知识，掌握劳动知识是劳动的前提，会提升劳动效率，在一定程度上提升劳动教育的可行性，降低试错率。例如，教师带领小学生种植黄瓜，种植前，教师要告诉小学生黄瓜的习性，种植的过程包含播种、育苗、浇水、收获等环节。黄瓜的生长习性是喜温暖，不耐寒冷，生成适温为10~32℃，高温35℃光合作用不良，45℃出现高温障碍，低温-2~0℃会冻死。黄瓜对光照要求不严格，日常养护在能照射到散光处即可，夏季光照强烈，为避免植株被晒伤，需适当遮光。黄瓜生长期对水分需求大，日常养护需及时补充水分，夏季水分蒸发快，可以增加浇水的次数，但水量不宜过多，空气湿度不宜过大。黄瓜种植要选择疏松、肥沃、透气性好的土壤，栽种前可以在土壤中适量添加底肥。要选择健康、抗性好的黄瓜种子，将其放在温水中浸泡一段时间，然后放在湿布上催芽。栽种时将处理好的种子撒播在土壤中，然后适量浇水即可。黄瓜苗长出后，需适当间苗，并补充水肥。教师可以通过讲解或用多媒体设备直观展示劳动环节蕴含的知识。小学生在了解黄瓜的生长习性、适宜的生长条件之后，会更容易上手，提高种植黄瓜的成功率。

　　劳动教育不是盲目地试错，是在劳动中深化学习过的理论知识，加深对已经学习的知识的理解和感受，并在真实的劳动过程中，锻炼自己的动手能力。即使教师在劳动前已经传授给小学生劳动知识，但具体劳动中，以种黄瓜为例，还是存在很多变化因素，小学生很有可能会遇到其他种植问题，所以事先学习劳动知识是必要的。但教师在传授劳动教育知识时，切忌全盘托出，如果教师将小学生在劳动中所需的劳动知识全部讲授，小学生的劳动难度和挑战性就会降低，参与劳动的兴趣也会减弱。劳动教育前向小学生传授劳动知识，最重要的目的是给小学生搭建一个劳动框架，使其大概知晓操作的流程，但不能让小学生丧失劳动兴趣，劳动给小学生带来自我满足感源于遇到问题再解决问题。因此，教师传授劳动教育知识要把握适当的度，如果全部传授，小学生只需要按陈述性知识操作，就类似把知识转变成技能，劳动教育不只是为了应用书本知识，更多的是要带给小学生真实的体验和思维的塑造，如果传授过度的劳动理论知识，小学生只需要按部就班操作即可，劳动给小学生带来的挑战性就会减弱。

劳动教育前除了传授劳动知识，还要给小学生讲解开展劳动教育的注意事项，避免在劳动中出现安全事故，劳动教育的过程首先要保障小学生的安全，保障小学生在这个过程中不受伤害。学校排斥劳动教育很重要的原因是考虑小学生的安全问题。小学生性格是活泼、好动的，对一切新鲜的事物有天然的好奇心。劳动教育的展开，需要走出课堂，进入真实的鲜活世界，让小学生有想要亲近自然的欲望，想要亲近自然界的一草一木。小学生不只是满足用眼睛看，还渴望用鼻子闻，用手触摸，教师在劳动前，要根据劳动教育具体开展的内容，预设小学生会有的行为、会产生的危险，提前告知小学生劳动中可能产生的危险或者教会小学生使用工具，从而规避风险，保障小学生的安全。

劳动教育前，最重要的就是要保证劳动教育的可行性和安全性。劳动教育的可行性指的是要事先给小学生搭建一个劳动教育框架，让小学生在行动的时候做到心中有数，不至于在实践中不知所措，劳动前小学生在头脑中应该形成一个大的框架,大概知晓行动的步骤,然后应对充满挑战的自然界。这样的劳动过程对小学生来说是既熟悉又陌生的,熟悉是因为小学生已经事先了解劳动过程,做到了心中有数;陌生是因为外在环境是多变、复杂的,小学生需要面对复杂多变的环境,面对未知的、难以用已有经验去解决的问题,小学生可能需要不断探索、独立应对。劳动教育安全性得到保障是让劳动教育从悬浮到落地生根的一个重要环节,大部分学校之所以排斥劳动教育是因为担心小学生在劳动中出现意外,为了规避潜在的风险,就把小学生的活动范围限定在课堂、学校中,学校认为为了开展劳动教育,承担巨大的风险是不明智的选择,因此,实践层面的劳动教育大打折扣。学校开展劳动教育成效微弱一方面是由于对小学生安全性的考虑与担忧,另一方面是受到劳动教育师资的限制。

一般学校开展劳动技术课多由班主任兼任,他们大多自身缺乏劳动经验,也不能真正理解劳动教育的内涵。而且有繁重的教学压力和行政事务的困扰,教师无暇分身,没有精力学习和研究劳动教育,因此即使上劳动技术课程,也是走马观花、应付了事。兼任的劳动技术教师在课堂上给小学生们讲劳动知识、让小学生围成一圈观看教师劳动,这种缺乏亲身感受、体验的劳动教育背离了劳动教育设置的初衷,劳动教育要使小学生"行动"起来,让小学生去田野上出力、流汗,感受劳动的心酸,体会收获的喜悦。虽然说劳动教育也要向学生传授基本的劳动知识,但这只是劳动教育中的一个环节,有些教师考虑到学生的安全问题,害怕学生在劳动过程中出现安全事故,因此把传授劳动教育知识等同于全部的劳动教育,把劳动教育的空间限定在课堂、校园中,剥夺了小学生体验、感受的机会,这是不正确的行为。因此,在劳动教育开始前,教师要做好准备工作,向小学生传授必需的、基础的劳动知识,同时告诉小学生要保护好自己,避免在劳动中受到伤害,做好、做足劳动教育前期的准备工作。

（二）设计以小学生为主体的劳动课程

劳动教育开展的内容是丰富、多元的，当小学生走出学校、进入农田时，教师可以给小学生提供不同的、多样的选择，鼓励小学生探求自己的内心，选择自己想要从事的劳动类型，教师应当鼓励小学生尊重自己的兴趣、爱好，做出适合自己的选择，不是盲目跟从教师、同学而放弃了自己的选择权。如图8-1所示种植模块可以按类型划分：

第一类可以设计成中草药校本，种植难度较高、对小学生来说挑战大，但回报较高，包括：益母草、金银花、黄芪等。中草药相对于一般的作物来说，种植难度较高，对于环境和种植技术要求高，中草药校本对于小学生来说具备一定的挑战性，小学生很难在短时间内直观看到植物的发展变化，需要一个很长的生长周期，这是一个磨炼小学生耐性的过程，需要小学生能够做到延迟满足，不沉迷于现下的效果，也需要小学生能够沉下心来、耐心琢磨、学会等待。虽然中草药校本种植难度高，对年幼又缺乏种植经验的小学生是一个巨大的挑战，但是种植中草药校本的回报是丰厚的，中草药具有很高的医用价值并且价格高昂，向小学生传递的一种选择价值观就是：如果愿意花费更多的精力投入种植，也愿意去挑战自己，这个过程需要做到延迟满足，不能因为一时的失败而气馁，那么可以得到丰厚的回报，但也可能面对付出劳动以后收获甚微的结果。因此，选择中草药校本的小学生在生活中也会侧重于选择有一定挑战难度的事情，并且他们往往能够学会等待、控制自己想要即刻满足的欲望，能够接纳自己犯错，同时积极乐观地对待困难和挫折。教师提供给小学生各式各样选择，其实是引导小学生明晰自己的内心，从而做出抉择。

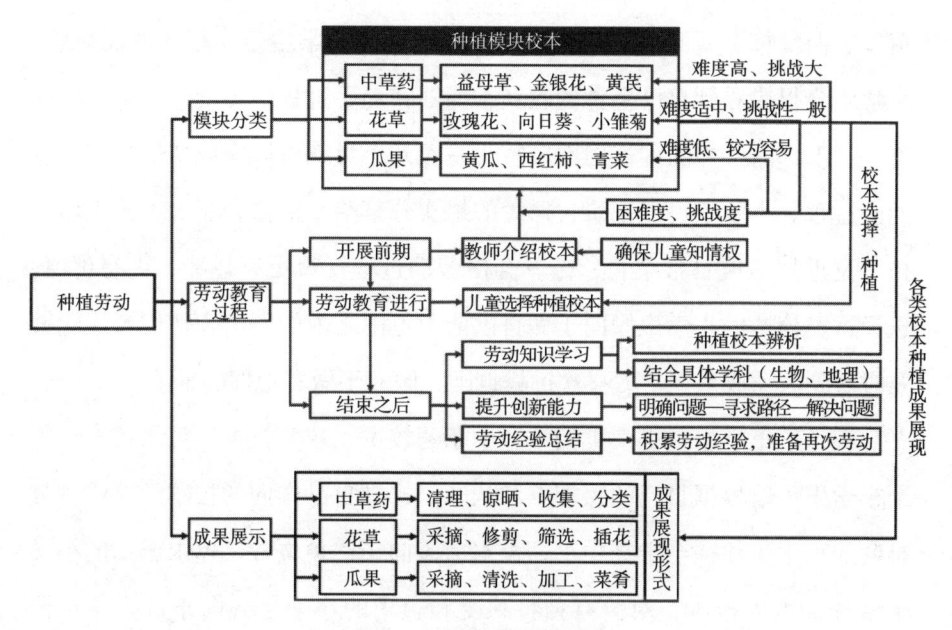

```
                            ┌─ 中草药 ── 益母草、金银花、黄芪 ──── 难度高、挑战大
              ┌─ 模块分类 ──┼─ 花草  ── 玫瑰花、向日葵、小雏菊 ── 难度适中、挑战性一般
              │             └─ 瓜果  ── 黄瓜、西红柿、青菜 ────── 难度低、较为容易
              │                           ↑
              │                     困难度、挑战度
              │             ┌─ 开展前期 ── 教师介绍校本 ── 确保儿童知情权
              │             │
   种植劳动 ──┼─ 劳动教育 ──┤─ 劳动教育进行 ── 儿童选择种植校本
              │   过程      │                  ┌─ 劳动知识学习 ┬─ 种植校本辨析
              │             │                  │               └─ 结合具体学科（生物、地理）
              │             └─ 结束之后 ───────┼─ 提升创新能力 ── 明确问题→寻求路径→解决问题
              │                                └─ 劳动经验总结 ── 积累劳动经验，准备再次劳动
              │             ┌─ 中草药 ── 清理、晾晒、收集、分类
              └─ 成果展示 ──┼─ 花草  ── 采摘、修剪、筛选、插花
                            └─ 瓜果  ── 采摘、清洗、加工、菜肴
```

图 8-1 种植劳动模块

第二类是难度适中、挑战性一般的花草校本，包括：向日葵、玫瑰花、小雏菊等。这类种植作物美观性较强，能给人带来美的享受，种植难度适中，一旦种植成功，能给人带来视觉冲击和美的享受。向日葵是希望与美好的象征，玫瑰是浪漫与美好的象征，小学生亲自参与花草的种植，亲自经历花草种植的过程，看着玫瑰花从含苞待放到尽情地舒展花瓣，看着生命的萌动、感受自然的节律。花草校本的特点是：生长周期较短，小学生可以在短期内看到花草的变化，但是这类植物较为脆弱，需要适时的照顾和恰当有效的培养方法，如果耽误了最佳的培养时期，花朵就会面临危险，无法取得预期效果。这类花草植物校本设计的初衷是让小学生学会感受美、鉴赏美以及创造美，选择花草植物校本的小学生或是对自然界有浓厚的兴趣和探索的欲望，或是对美有一种追求，希望能够亲身经历播种美的过程。

第三类是难度低、挑战性较小、日常生活随处可见的瓜果校本，包括黄瓜、西红柿、青菜等。这类农副产品能够给小学生带来很大的满足感，小学生会很快看到自己播种的收获，能够在动手过程中感受劳动带来的欣喜。黄瓜、西红柿的种植周期较短，一般几个月就可以完成从播种到收获的全过程。小学生可以把亲自播种的果实分享给小伙伴和家人，再把西红柿、黄瓜加工成日常菜肴，分享会使劳动过程变得更有趣味、更有价值。选择这类校本的小学生倾向于做自己能力范围之内的事情，他们希望能够及时看到劳动成果，不太喜欢挑战自己，倾向于做有把握的事情。

教师给小学生提供三类校本：中草药校本、花草校本、瓜果校本。每个小学生可以根据自己的兴趣点和认知，选择自己倾向的校本。喜欢挑战难度的小学生往往会选择中草药校本；倾向于避免失败、追求成功的小学生多选择瓜果校本；对美有独特感受和追求的小学生倾向于选择花草校本。每一种选择都没有对错之分，教师要为小学生介绍清楚每一种校本将面临的困难、作物成长的周期和不同校本的劳动结果，确保小学生在选择前对所选择的对象有充分了解，然后鼓励小学生遵从自己的内心做出选择和判断，教师在这个过程中注意不要诱导小学生，不要表现出自己的倾向选择，否则，小学生有可能会倾向教师认为正确的选择，无法表现真实的自己。教师让小学生在不同的劳动种类中选择，其实给了小学生探求自己的机会，同时传递给小学生一种价值观：个人选择是没有绝对的对与错的，只要遵从自己真实的想法，能够对自己的选择承担责任，就鼓励小学生选择自己真正想要的，表达自己内心的想法。如果小学生对自己还没有形成认识，教师要先引导小学生讲出在生活中自己的一些事情，先增加对学生的了解，再根据日常生活的小事情帮助小学生归纳、探求自己，比如询问小学生成绩归因，教师通过分析小学生对自己日常学习表现的认识，如果小学生把自己的智育成绩表现不好归因为自己的努力程度不够或者没有采取正确的学习方法，这样的小学生喜欢从自身找问题并且会努力思考解决问题的方法，那么在生活中也倾向于挑战困难，倾向选择有一定挑战的任务。如果小学生归因为自己的运气不好或者教师教学方法不当，那么这类小学生会选择挑战难度较低但容易得到成果的任务，是属于低成功趋向、高避免失败的一类。如果小学生一时无法抉择，教师就要在前期先引导小学生开始思考自己，通过自己的言语和行动来反推自己的真实想法，从而强化自我意识、做出自我抉择。

主体性贯穿在劳动教育的过程中，教师要做好自己的本职工作，提前讲述劳动知识和不同劳动类型的内容，并且在平时生活中培养小学生的思考力，鼓励小学生积极地探求自身、思考自己，为小学生面对劳动教育做抉择做好准备。自我抉择体现对自己的认识，认识不同，选择的结果也不同。劳动教育要想培育并发展小学生的主体性，教师必须履行好自己的职责，要关心小学生的生活，走入小学生的世界，摒弃自己的固有观念和世俗的偏见，倾听小学生内心世界的声音。想要培育发展好小学生的主体性，教师也要培养自身的自我意识、自我抉择、自我创新和自我表达，才能在培养小学生主体性方面更加得心应手。教师虽然是一个成年人，但并不代表其主体性的发展达到相应的成熟阶段，因此要多加练习、持续培养和发展自身的主体性，从而潜移默化地影响小学生，实现对小学主体性的培育与发展。

教师提供给小学生不同的种植校本，小学生做出自己的选择，在劳动结束以后，教师要引导小学生延伸知识的学习，开展劳动教育的过程中会不可避免地遇到一些问题，需要进一步对问题进行反思，总结解决问题的经验或者引导学生深入思考问题产生的原因，劳动的结束绝不是劳动教育的完成，要探明劳动过程中产生问题的原因，引导小学生思考在下次劳动中如何避免错误发生。如果小学生遇到困难的主要原因是缺乏相关的理论知识，就要结合相关学科学习，比如劳动教育与生物、地理相关学习息息相关，在劳动结束以后去教小学生辨别外观形似的两种植物，或重新了解某一作物成长的习性、对生长环境的要求。及时的劳动总结能够在提升自我意识的同时提高小学生的自我创新能力，小学生的自我创新能力提升的过程就是小学生劳动中遇到问题、解决问题的过程。小学生在开展种植校本中，通过遇到问题、探明成因、解决问题的过程，提升了自己解决问题的能力。

选择花草校本的小学生，劳动结束之后可以采摘自己种植的花朵，练习插花，将自己插的花带到家庭、班级中。当小学生亲手插的花能够点缀、装饰自己的环境时，他们会感受到劳动的快乐、愉悦，也会重塑劳动价值观，培养热爱劳动的思想感情。选择中草药的小学生，可以在教师的指导下将中草药收藏、清洁晾晒，然后密封包装。中草药具有很高的医用价值，小学生可以把自己种植的中草药分享给自己的父母、长辈，体验分享和付出的快乐。选择瓜果校本的小学生，可以亲自从作物的成长到给父母做一顿美味可口的饭菜，感受到粮食的来之不易，体会到父母对家庭的付出，从而培养珍惜粮食的美德。

（三）构建体现小学生主体地位的特色家庭劳动模块

小学生的劳动类型不仅限于种植模块，也可以走向家庭，深入社会。美国开展劳动教育的时候，家庭劳动包括家庭管理、家庭经济、家庭卫生、家庭关系、营养、服饰等方面的小组体验学习。美国中小学不评"三好学生"，但一个孩子如果有服务精神并做得很好，学校通常会给他发一个"好公民"奖。美国的中小学鼓励孩子们参与劳动，也希望培养他们服务他人、奉献社会的精神。家庭劳动板块设计的初衷是要引导小学生全方面参与到家庭的建设中，我们可以借鉴美国家庭劳动的模块，让小学生做家庭经济的小管家，父母可以把本月的生活花销交给孩子，告诉孩子日常花销的组成部分，并让孩子来规划设计本月家庭开支，劳动的本质也是一种角色承担，孩子只有亲自变身家庭小管家，才能知道家庭每月开支的重要组成部分，从而形成正确的消费观。父母不要干涉，要放心地听从孩子的安排，家长和孩子在讨论中制定每月的付账清单，要细化到衣服、饮食、交通每一项具体支出，让孩子尝试安排家庭每月支出，尝试不同的角色对于小学生来说是一个很积极的劳动体验，有助于提升小学生的责任意识，学会承担责任与付出，做家庭经济管家也会培养小学生做规划、计划的能力，学会合理开支、理性消费，在对物价和父母的收入了解以后，也会更加知道劳动成果来之不易。小学生更能体会父母在家庭中的付出，有利于构建健康的亲子关系。如图8-2所示。在中国的很多家庭中，小学生被视为家中的"小皇帝""小公主"，手不能提，肩不能扛，以学习为借口，不参与家庭劳动，把父母的付出当作理所应当的，觉得父母就应该赚钱给自己花，父母也应当为自己付出一切，这种观念本质就是错误的，让小学生参与到家庭劳动中是有必要的。

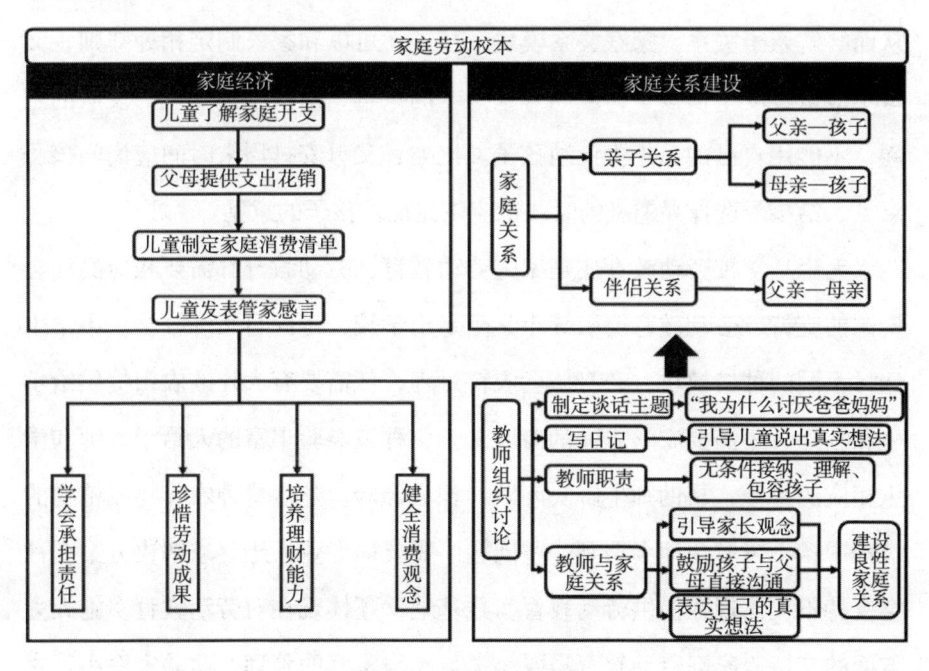

图 8-2 家庭劳动模块

在家庭管理和家庭关系中，小学生也要参与家庭关系的维系与建设。许多小学生的父母并没有建立亲密关系，又或是父母与孩子的关系有问题，这其中又可以细化为孩子与母亲的亲子关系有问题、孩子与父亲的亲子关系有问题两种。现实生活中，小学生即使看到父母关系不和，也没有试图去寻求背后的原因，只是认为自己年龄小，没有能力和精力去干涉父母的事情。但事实上，小学生是家庭中的一员，有义务也有职责去正视家庭中不良的伴侣关系、亲子关系。教师可以组织相关的讨论，让孩子试着说出不良家庭关系的表现，帮助孩子探求、分析家庭伴侣关系不良的成因，并给出适时、恰当的意见。如果小学生自身与父母关系有问题，鼓励孩子直接向父母表达自己的内心，教师可以以"我为什么不喜欢爸爸或妈妈"为题，组织小学生讨论或者写一篇心得感想，教师要做到对小学生发自内心的接纳、包容，不要对小学生的表达发表太多主观意见，教师先鼓励小学生自由、真诚地表达自己，再引导他们面对父母真诚地表达自己，从而缓解亲子关系。家庭关系模块，孩子还可以和家长制定相处守则，父母不应该过度干预孩子，应当尊重孩子的兴趣，给孩子独立成长发展的空间，不能用自己的思想去束缚孩子。比如，父母安排周末时间应询问孩子意见，给孩子选择兴趣班的时候也应该先征求孩子的意见。

无论是学校劳动教育还是家庭劳动教育，劳动教育都需要相应的社会资源的支持，劳动教育要引导小学生走出学校，走向自然和社会。小学生选择不同的种植模块，亲身体会农耕过程，就需要有大片的农田提供给学生和教师，还需要农学方面的专业人士、种植经验丰富的人给予教师和学生相应的指导，帮助师生解决问题，积累经验。学生耕种农作物或植物的过程中，不可避免地会遇到一些问题，需要向专业人士寻求解决方案。社会支持不仅体现在提供劳动教育实践基地，还体现在对劳动教育实施人力方面的支持。家庭劳动教育需要小学生参与家庭的管理，体验家庭小管家的角色，还要引导小学生参与家庭关系的建设，改善自己与父母的亲子关系。这些过程有时候需要专业人员介入才能帮助小学生解决问题，社区、妇联部门或者家庭、学校可以邀请理财专家和相关的教育从业人员对小学生进行一对一帮扶。

劳动教育的类型丰富多样，但要想通过劳动教育培育和发展小学生的主体性，劳动开始前一定要让小学生自己做选择，或者给小学生提供劳动体验，让小学生学会审视、遵从自己的内心，学会真诚的自我表达。并且在劳动教育结束之后，及时地归纳劳动问题、总结劳动经验，从而不断提升自己的创新能力。当小学生结束种植时，教师要引导小学生深入思考种植中遇到问题的成因，并延伸相关学科的学习。劳动的结束并不是劳动教育的完成，应当对劳动过程进行分析，才能实现小学生能力的提升和经验的增长，从而促进小学生主体性的发展。小学主体性的培育与发展并不是一蹴而就的，需要劳动教育做到前、中、后多个环节的协调、配合，才能发挥培育主体性功效。

八、完善劳动教育保障机制

（一）健全劳动教育保障体系

1. 建立健全劳动教育理论及制度体系

劳动教育要想顺利高效地开展，必须建立健全理论体系，发挥制度保障作用。劳动教育想要顺利实施，必须建立完善的理论基础及做好体系建设工作，这是劳动教育顺利实施的基本保障。劳动教育在具体实施过程中有规章可以遵循，有制度可以依照，才能真正做好劳动教育工作，不断完善体系建设，才能确保劳动教育的顺利开展。第一点要实现自上而下的支持，不论是国家层面还是各县市甚至各个学校，都要制定劳动教育课程标准，研究出因地制宜的实施方案，确保劳动教育课程内容能够按照计划规范实施。

各学校校长要承担起相应责任，引导教师团队针对小学做好劳动教育课程实践计划，确保计划是根据学校的具体情况探索分析制订的。只有将劳动教育课程的理论充分和学校的教学实践结合起来，才能使教育内容符合当下"五育"并举的要求。改变当前小学劳动教育中存在的课程笼统、敷衍的现状，如课程中提倡小学生去"打毛线"，却没有考虑男女之间的性别差异，从而严重打击小学生对于劳动的兴趣，这种课程内容应取消或进行大刀阔斧的改革。加强课程内容和社会的联系，切实地从小学生的角度入手，明确他们的兴趣，密切关注他们的未来发展，为他们未来健康成长打下扎实的基础。另外，为了做好小学劳动教育实施工作，制度建设更是重中之重，相关部门要将政策的落实和监察工作贯彻到底，确保各项工作均按照制度有序进行。而且学校间也可以挂职学习、相互交流，实现典型经验共享、优质资源共用，促进劳动教育有效实施。

2.加强对学校劳动教育实施的监管工作

教育部门和各级政府要各司其职，切实履行好自身职责，加强对学校劳动教育的监督和管理。明确学校的责任主体，把劳动教育活动开展状况纳入学校的评价指标，另外，通过有关部委的监督，将劳动教育落实到方方面面，使劳动教育遍地开花，全方位发展。第一，各级教育行政部门应成立专门的监督指导小组来确保学校全方位开展劳动教育。深入学校进行不定期监督，检查学校的劳动教育教学质量，可采取的方式方法有阶段性抽查、随机抽样抽查以及考试考评等，力求把握小学劳动教育实施进展情况，争取劳动教育实践有组织有计划地进行。第二，教育部门要在各学校开展劳动教育过程中做好政策方面的指导监督工作，以防学校在执行政策时出现纰漏，走弯路、走错路，如此反而不利于学生的身心健康发展。第三，也是重中之重，学校在开展劳动教育课时需要大量的人力物力资源保障，各级党委政府一定要做好后勤保障工作，提供充足的财力支持，同时教育部门也要积极配合，为各学校培养劳动教育的专职教师团队。

3.落实劳动安全管理制度

安全管理制度是一切活动的基础，只有建立完善的安全管理制度，才能够实现预期的劳动教育目标。第一，教育部门要针对全国各地的实际情况制定具体的劳动教育方案，建立劳动教育突发事件预案体系，完善劳动安全隐患评价体系，研究确定在劳动教育中的有关安全责任落实等事项，对学校实施劳动教育的程序实行有序引导，实施网格化管理，保障学校劳动教育工作有章可循。第二，建立相应规范保障体系，组建劳动教育安全管理体系组织，对容易发生的劳动安全问题要进行全面检测并反馈给学校提前预防，完善学校安全应急设备，创造安全的劳动教育教学环境，确保各个程序均有序实施，保障学校师生人身安全，使劳动教育的开展无后顾之忧。第三，学校可以利用各种宣传手段，要求师生深入学习安全规章制度，确保安全能够在师生心中生根发芽，做到入脑入心。当师生都将安全记于心间时，劳动教育实践活动的安全隐患就会被消除，能够确保劳动教育工作安全开展，确保师生健康和安全。

（二）全面构建学校劳动教育体系

严格执行三级教学管理制度。引导学校因地制宜实施劳动教育，建立总体性、发展性、个性化的校园劳动教育课程方案。学校充分利用教育资源去搭建适合本校的劳动教育课程体系。第一，成立课程研究师资团队，可以邀请学校相关负责人和学科老师，也可聘请外部行业专家做好课程评估工作，在充分落实课程目标的前提下做好本校师生的劳动教育宣导工作,搭建相应的理论和实践体系。第二,要根据课程体系,做好相关学科教师的培训工作,进一步明确课程内容,做好课时规划,将教学要求更准确地予以传递。第三,做好课程的评估工作,从学生和教师两个维度进行评估,既需要学生对教师课堂教育进行评估,也需要获得教师对课程体系的意见及对学生学习结果的评价。

1.加强劳动教育课程教师建设

劳动教育课不是自主研究、闭门造车的课程,要运用好的教学方式去融会贯通,才能实现使学生德、智、体、美、劳全面发展的教育目标。对小学生进行劳动教育,学校必须配有专门的劳动教育教师。教师在进行劳动教育的过程中,要根据本班学生的具体情况因材施教,制定切实可行的教育目标,同时采取恰当的方式引导鼓励学生积极参与到劳动课中,因此,建设劳动教育师资队伍迫在眉睫。为了让学校劳动教育教学更贴近人们的生活,更有人文气息和生活体验感,学校还应引进专业的劳动教育相关的师资力量,提升劳动教育工作质量,这种劳动教育不仅囊括课堂教育,还能聘请相关行业专家,如机修师、农业技术专家等,以此培养学生的劳动兴趣,激发其劳动情感,改变其劳动价值观,并以此改善学校劳动教育状况。

2.落实劳动教育课时要求

学校必须严格按照国家规定来保证劳动教育领域的正常课程,不得任意取消劳动教育领域课程,更不得让其他应试类专业教师任意挤占劳动教育领域课堂。我国各地针对劳动教育领域课堂已进行了不少试验,比如,广州市中小学的学生劳动课平均一周不少于1课时,初中生要学习制作广式点心。青岛各学校已经接到属地教育部门通知,在综合实践课程中加入劳动教育内容,低年级学生每周必须参加不少于0.5课时的劳动课程,中高年级每周保证1课时。各个学校应当从实际情况出发,分散或者集中布置课程,还有很关键的一些方面,学校也可以规定学生放学后在家劳动的时间，安排适当的家务活动让学生参加，父母可以作为传授者和监督者，将孩子的劳动情况上传到家长信息群。而年级主任也要将监督工作进行到底，对于没有按照课程规划完成劳动教育教学工作的班级，要定期提醒，并做好纠正和预防改进工作。

3. 劳动教育基础设施的开发

劳动教育是结合教育和实践的复合课程，在当前背景下，对劳动教育的课堂形式设置不仅仅是知识的传递，更要做好相应的实践安排，通过开展不同形式的实践活动加深学生对于劳动的理解，从课堂教学走进社会实践。2019年的义务教育教学改革的意见中明确了值日制，需要在全体中小学教育中贯彻执行，让学生们以此为契机参与到校内劳动活动中，并积极开展校内外的劳动活动和社会志愿服务项目。建立一批农村劳动教育实验区，农村区域要配置适当土地、森林、草地等为学农实践基地，城市区域内要为中小学的实践活动提供场地等多维度的支持，无论是服务业还是工商业，都要将基本保障的支持贯彻到底。各个学校要结合自身的资源，规范化开展各项劳动实践，搭建校企实践基地，使劳动教育更加形象生动，使学生们深刻感受到劳动带来的充实和喜悦，并品尝劳动带来的果实。学校也可以搭建实验基地，将农场、工厂等缩小成微观模型，在学校区域里展示，充分结合数学、艺术、文化等不同学科的知识打造多学科融合教学。例如，杭州市富春第七小学就把校园附近的荒地开辟为具有学校特色的小农场。学校承包了这块荒地，而每个班级成为这块地的分包商，运用自己的智慧和在劳动教育课程中所学所得进行土地打造，边学边玩，边做边总结，深刻体会到劳动的乐趣和成果的可贵。如果学校缺乏相应的资源，可与机关单位、企业团体等开展交流合作，开辟多维度的活动基地，从不同的维度做好劳动教育工作，积极开拓实践场地和教育基地，着力推动劳动教育的有效实践。

4.构建科学合理的劳动教育评估制度

劳动教育开展后的评估工作十分重要,相对于其他传统学科,劳动教育并不是通过书面测试就可以获得全面评估的。劳动教育更多的是关注劳动实践来提高小学生的劳动技能,养成正确的劳动习惯,培育劳动兴趣爱好。构建科学合理的劳动教育课程评估制度,最关键的是要建立劳动评估考核管理制度,通过对劳动目的、劳动过程和劳动成果三方面进行综合考评,把劳动评估成果录入学生的综合素质评估档案中,将劳动教育制度当成考查学生优劣参考的标尺之一,可以更高效地激发学生对于劳动的兴趣和关注度,真正开始理解和重视劳动教育,并帮助其合理地调整自身劳动意识的学习过程。在完善劳动教育评估制度的同时,教师可以利用这些评估制度来掌握更多的教育信息反馈,可以有效地为他们制定教育教学活动提供参考依据,这对丰富和发展劳动教育的理论与实践具有不可忽略的意义。对劳动教育的评价需要有一个全面具体的评价体系,需要把理论教学与实践训练紧密结合在一起,并且要求劳动教育的评估方法体现多样化与灵活性相统一的基本原则,要始终贯彻激励性与有效性的评估准则,进行分层分类评估。学校只有在合理有效的评估中才能对学生的劳动能力进行公平合理的评估,让学生们在劳动实践中形成符合社会主流的劳动价值观,增强对劳动教育的认可。

九、构建"五育"并举的育人体系

(一)以劳树德

"以劳树德",劳是途径。孙喜亭教授在《教育学讲座》一书中将劳动教育归为思想道德教育的一部分内容，通过教育学生爱护公共财产、培养学生热爱劳动、教育学生了解脑力劳动与体力劳动的社会意义以及教育学生正确对待升学与就业等方法，培养学生养成良好的劳动态度、积极的思维和顽强的意志。

孙喜亭教授主张学生适当参加生产劳动和公益劳动，教育他们在热爱劳动的同时珍惜劳动成果，养成勤俭节约的美德。2019年11月20日，教育部发布了《关于加强和改进新时代中等职业学校德育工作的意见》❶，该意见中第七条为弘扬劳动精神、劳模精神和工匠精神。具体内容以开设劳动教育必修课为载体，通过劳模精神主题的宣传教育、开展丰富多彩的劳动实践，与中小学联合开展劳动及职业启蒙教育，培养学生的职业精神、工匠精神，培养诚实守信、开拓创新、敬业奉献等优秀品格。劳动教育是中等职业学校中开展德育工作的重要途径。人的品德是在实践过程中养成的，如果学生只是从理性的角度认识了劳动的重要意义，没有亲身体会劳动的作用，没有真实地经历劳动活动，没有真切地感受劳动之后的疲惫与快乐，热爱劳动的品质就是一个空壳。孩子们在劳动过程中能够明白"自己动手，丰衣足食"的道理，明白"劳动光荣，懒惰可耻"，懂得尊重劳动、尊重劳动者、珍惜劳动成果。"伴随着劳动活动和劳动任务的充实完善，学生逐渐认识到人的社会本质及其价值，懂得做人的道理。"❷在劳动中建立与学生的亲密合作关系，懂得配合、谦让，在集体劳动中培养优秀品质。正如马卡连柯所说，只有在生产劳动过程中，真正的人性、集体成员的性格才能成长起来。以劳动教育为载体，塑造正确的世界观、人生观、价值观，培养诚意、正心、修身的美好情怀。

---

❶ 教育部办公厅关于加强和改进新时代中等职业学校德育工作的意见 [EB/OL].（2019-11-21）.http://www.moe.gov.cn/html.

❷ 孙喜亭，靳希斌，陈孝彬.教育学讲座[M].北京：北京师范大学学报资料室，1982：99.

（二）以劳增智

"以劳增智"，劳是途径。借鉴苏霍姆林斯基的观点："智育的含义是获取知识，形成科学的世界观，发展认识能力和创造能力，培养脑力劳动技能，养成毕生对精神财富的需要和实际运用知识的需要。"❶ 智育的发展不能靠题海战术，还要进行生产劳动、科学研究和文学创作。建构主义者维果斯基强调，高级心理机能是外部动作内化的成果，内化的途径不只是学习，还可以通过日常生活、劳动、游戏去实现。反之，内化于头脑的思想也可以外化于行。劳动是使主观见之于客观的方式，也是内化与外化的桥梁。在生产劳动中，学生运用自己的思维去思考人与物、物与物之间的联系，在其明晰这种关联后，会根据有思维的方式进行改造，不断积累经验，不仅可以完成劳作任务，还可以实现科学研究与技术创新。思考是艰巨、复杂的，有时甚至是有些痛苦的劳动，但它也带给我们一种认识的欢乐。在劳动过程中受教育者将知识内化，并转化为有思维的劳作，从而实现"创造性的劳动"。学生在劳动活动中成为思想家和创造者。反之，在接受文化交流后，学生会体验到作为一个聪明的劳动主宰者的幸福感，更容易形成正确的劳动态度和劳动习惯。

（三）以劳强体

"以劳强体"，劳是途径。在物质条件极其丰富的当代，人们享受着物质财富带来的巨大便利，身体素质却与其成反比。在大多数人看来，通过自己直接劳动所能完成的工作都可以借助现代高科技手段完成。这种想法显然是行不通的，只有好的身体素质才会促进工作、学习和生活，而机体的健康依赖于从小养成的劳动习惯。浙江省杭州市富阳区富春第七小学开

---

❶ 苏霍姆林斯基. 智育思想与《论智育》选读[M]. 北京：中国环境科学出版社，2006:208.

展了"新劳动教育"的探索和实践,自 2009 年至今,这所学校开展了十余年的劳动教育实践与探索。"新劳动教育"实践活动作为最自然的体育课,呈现给我们各种各样的劳动项目,其中农运会比赛让人眼前一亮,农运会是在体育竞技中加入农具和农事元素,学生在运动中了解农具并增强体魄,还有其他一些有趣的活动,如"春华秋实""独轮滚滚"等。劳动的过程是强身健体的过程,不能忽视孩子们在参加劳动项目、打扫卫生、种植花草树木过程中获得的身体锻炼。劳动对于身体成长的促进是长期的过程,家长和教师应该督促孩子坚持劳动才能最终获益。学校的体育课也要搭乘劳动教育的便车,创设体育课的情境教学,具体可表现为布置体育课的场地、帮助教师借还器材、制造课上体育小器材等,在动手操作的同时培养孩子正确的劳动观。

(四)以劳育美

"以劳育美",劳是途径。美育是审美教育,亦是情操和心灵教育。美育不仅可以提升人的审美素养,还能潜移默化地影响人的情感、气质、胸襟,激励人的精神,温润人的心灵。《国务院办公厅关于全面加强和改进学校美育工作的意见》明确指出,要在教育的方方面面渗透美的理念,在实践体验中发现美、感受美、获得美并创造美。劳动教育与美育是相互渗透、相互促进的,不同的劳动内容、劳动方式、劳动工具都可以发挥美育的价值。工业生产劳动中,人通过劳动将自己的体质力量作用于客体,形成有价值的创造物,体现出劳动创造的物质美。在公益性劳动、服务性劳动中锻炼小学生吃苦耐劳、甘于奉献的品格,在集体劳动中发现小学生包容、团结、忍耐的品质,体现出劳动创造的心灵美。在手工艺劳动中教小学生学会木雕、刺绣、石刻等传统手工艺品,不仅可以体现出劳动创造的文化美,还可以提升人的审美意识与素养。马克思在《1844 年经济学哲学手稿》中提出"劳动创造了美"这一观点，后人在解读此短语时认为人类按照美的规律通过劳动创造的奇迹是一种美，正如埃及金字塔、巴黎卢浮宫等。劳动创造美的景象在《诗经·国风·周南·芣苢》中也有所描述：采采芣苢，薄言采之。采采芣苢，薄言有之。采采芣苢，薄言掇之。采采芣苢，薄言捋之。采采芣苢，薄言袺之。采采芣苢，薄言襭之。这首48字的诗中描绘了妇女们采摘车前子时辛勤劳作的景象，在收获果实的过程中我们体验到了她们劳作时的开心愉悦，带给自己美的享受。无论是生产劳动、社会劳动还是家务劳动，都要注重挖掘劳动过程中的美育价值。

（五）以劳创新

21世纪中国学生发展核心素养对学生提出了可以适应自身和社会发展所需要的品质和能力，素养的核心是"培养全面发展的人"。具体表现在三个层次六个方面，首先是文化基础，其次是自主发展，最后是社会参与，包含责任担当与实践创新，目的是促进人的社会参与性、增强责任感、注重实践和创新能力的培养，其中实践创新包含技术运用、问题解决与劳动意识，学会尊崇劳动，培养正确的劳动态度和劳动习惯，有一定的动手操作能力和劳动技能。学生应主动参与家务劳动、社会劳动和生产劳动，根据自己的人文底蕴与科学技术改进劳动形式，提高劳动工作效率，通过辛勤劳动与诚实劳动创造幸福生活。

唇齿相依，但又不可唇齿不分。德育、智育、美育、体育和劳动教育是紧密结合、相互依存的关系，但是对体育、智育、德育、美育来说，劳动教育是另一个类别的教育，是另一个层次的教育。如何加强劳动教育，这不是单一的问题，而是需要"五育"的融合。在马克思主义关于教育与生产劳动相结合的思想的带领下，在习近平总书记德、智、体、美、劳全面发展思想的指导下，在各级党委和政府及开展教育教学工作改革人士的帮助下，在教师和家长的配合下，小学劳动教育一定会真正而有效地实践，从而为培养高素质劳动者和全面发展的人，为建设具有中国特色的社会主义现代化强国，为实现伟大复兴的中国梦提供坚强保障。

结语

劳动教育问题是中国教育进程中重大且不可回避的话题，其存在的重要性无须赘言。劳动是我们每个人生存的本能，劳动创造美和创造新世界。2020年3月26日，中共中央国务院发布《关于全面加强新时代大中小学劳动教育的意见》，该意见中十八条内容对于充分认识社会发展对劳动教育的要求、构建新时代劳动教育体系、开展劳动教育活动、提升保障劳动教育实施能力以及强化组织劳动教育的实施五个方面作出详细说明。全社会应准确把握评估新时代对全面发展人才的需求，因地制宜制定和开展相关劳动教育课程。小学生是祖国的未来，教育者应依据不同阶段学生身心发展规律确立相应的劳动教育目标，引导学生理解劳动的本质，领会劳动教育的真谛。

新时代的人才培养体系对劳动教育提出了更高的要求。劳动教育对于培育时代新人具有重要意义，对于构建全面发展的教育体系以及实现伟大复兴的中国梦具有建设性意义。小学生还未形成正确的、稳固的世界观和人生观，因此，培育小学生的劳动情感及感悟劳动的价值是基础教育阶段劳动教育的重要目标。一粥一饭，当思来之不易；半丝半缕，恒念物力维艰。教师要教育小学生不仅要掌握科学文化知识，更要养成尊重劳动、崇尚劳动、热爱劳动的优秀品德。引导小学生在劳动过程中体验辛苦和乐趣，尊重他人劳动成果，树立正确的世界观、人生观和价值观。

本书在明确小学劳动教育意义的基础上，通过对小学生及家长发放问

结语

卷以及访谈相关教师，了解到小学劳动教育的现实状况，对其中产生的一些问题进行了梳理与归纳，力求全面地探析小学劳动教育产生问题的缘由，最后，对改进小学劳动教育提出了相应的策略，希望能够引起社会各界对于小学劳动教育的高度重视，为以后小学劳动教育的良好实施提供有价值的参考建议。

随着劳动教育政策的不断出台，众多的教育工作者逐渐重视小学劳动教育在现实生活中的重要意义，相关研究者也开始深入探寻当前小学劳动教育实施不良的内在原因，力求提出行之有效的解决方式，这让社会各界对未来的小学劳动教育发展充满了期待，希望通过我们的共同努力，能够迎来小学劳动教育新的春天，为小学生的健康成长提供有力的支撑与持续的助力。

参考文献

[1] 康斯坦丁诺夫. 苏联教育史 [M]. 吴式颖, 周蕖, 朱宏, 译. 北京: 商务印书馆, 1996.

[2] 欧文. 新社会观 [M]. 柯象峰, 译. 上海: 三联书店出版社, 1958.

[3] 孙兰芝. 世界社会主义五百年历史人物传略——克鲁普斯卡娅 [M]. 北京: 中国工人出版社, 2014.

[4] 杜威. 民主主义与教育 [M]. 陶志琼, 译. 北京: 中国轻工业出版社, 2014.

[5] 卫道治. 中外教育交流史 [M]. 长沙: 湖南教育出版社, 1998.

[6] 乔治·凯兴斯泰纳. 凯兴斯泰纳教育论著选 [M]. 郑惠卿, 译. 北京: 人民教育出版社, 1993.

[7] 福禄贝尔. 人的教育 [M]. 孙祖复, 译. 北京: 人民教育出版社, 1991.

[8] 乌申斯基. 人是教育的对象（上卷）[M]. 郑文樾, 译. 北京: 人民教育出版社, 2004.

[9] 乌申斯基. 人是教育的对象（下卷）[M]. 张佩珍, 郑文樾, 张敏鳌, 译. 北京: 人民教育出版社, 2004.

[10] 李明德, 金锵. 教育名著评介 [M]. 福州: 福建教育出版社, 2008.

[11] 吴式颖, 任钟印. 外国教育思想通史（第十卷）[M]. 长沙: 湖南教育出版社, 2005.

[12] 拉伊，沈剑平.实验教育学[M].瞿葆奎，译.北京：人民教育出版社，2005.

[13] 诸惠芳，邹海燕.外国教育名著导读[M].北京：人民教育出版社，2005.

[14] 汪永祥，李德良，徐吉升.家庭私有制和国家的起源讲解[M].北京：中国人民大学出版社，1986.

[15] W F Connell.20 世纪世界教育史[M].孟湘砥，胡若愚，译.长沙：湖南教育出版社，1991.

[16] 蒙台梭利.蒙台梭利早期教育法[M].李芷怡，编译.北京：北京理工大学出版社，2015.

[17] 阿布律迈尔.裴斯泰洛齐选集（第一卷）[M].北京：教育科学出版社，1994.

[18] 单中惠，杨汉麟.西方教育学名著提要[M].南昌：江西人民出版社，2000.

[19] 冯克诚.西方近代教育思想与论著选读（上）[M].北京：人民武警出版社，2010.

[20] 滕大春，姜文闵.外国教育通史（第四卷）[M].济南：山东教育出版社，1992.

[21] 李申申，王凤英.大起大落的命运：杜威在俄罗斯[M].北京：新华出版社，2007.

[22] 王定华，田玉敏.中外教育史[M].天津：天津社会科学院出版社，1991.

[23] 苏霍姆林斯基.帕夫雷什中学[M].赵玮，等译.北京：教育科学出版社，1983.

[24] 吴式颖.马卡连柯教育文集（下卷）[M].北京：人民教育出版社，

2016.

[25] 约翰·杜威. 民主主义与教育 [M]. 王承绪, 译. 北京：人民教育出版社, 1990.

[26] 霍华德·加德纳. 多元智能 [M]. 沈致隆, 译. 北京：新华出版社, 1999.

[27] 布律迈尔. 裴斯泰洛齐选集（第2卷）[M]. 尹德新, 译. 北京：教育科学出版社, 1994.

[28] 潘锦棠. 劳动与职业社会学 [M]. 北京：红旗出版社, 1991.

[29] 张鹏侠. 全要素劳动价值论 [M]. 北京：经济日报出版社, 2015.

[30] 宋培凯, 袁志刚, 邱尊社. 资源集成经营组织行为和组织成本的经营理论与实践 [M]. 北京：中国环境科学出版社, 2005.

[31] 张志平. 情感的本质与意义——舍勒的情感现象学概论 [M]. 上海：上海人民出版社, 2006.

[32] 蒲心文. 教育经济学初步 [M]. 成都：四川人民出版社, 1985.

[33] 赵荣辉. 劳动教育及其合理性研究 [M]. 北京：中央民族大学出版社, 2002.

[34] 李珂. 嬗变与审视：劳动教育的历史逻辑与现实重构 [M]. 北京：社会科学文献出版社, 2019.

[35] 曾天山, 顾建军. 劳动教育论 [M]. 北京：教育科学出版社, 2020.

[36] 金一鸣, 刘世清. 基础教育评价研究 [M]. 上海：华东师范大学出版社, 2011.

[37] 孙林岩, 汪建. 先进制造模式——理论与实践 [M]. 西安：西安交通大学出版社, 2003.

[38] 瞿葆奎. 教育学文集 教育评价 [M]. 北京：人民教育出版社, 1989.

[39] 亚里士多德. 形而上学 [M]. 吴寿彭, 译. 北京：商务印书馆, 2007.

[40] 杜威. 人的问题[M]. 傅统先, 等译. 上海: 上海人民出版社, 2006.

[41] 文学国. 马克思恩格斯斯大林列宁论教育[M]. 北京: 中国社会科学出版社, 2016.

[42] 苏霍姆林斯基. 给教师的建议[M]. 北京: 教育科学出版社, 1984.

[43] 列维纳斯. 从存在到存在者[M]. 吴蕙仪, 译. 南京: 江苏教育出版社, 2006.

[44] 王天一. 苏霍姆林斯基教育理论体系[M]. 北京: 人民教育出版社, 1992.

[45] 马卡连柯. 马卡连柯全集(第4卷)[M]. 北京: 人民教育出版社, 1957.

[46] 康波斯塔. 道德哲学与社会伦理[M]. 李磊, 刘玮, 译. 黑龙江: 人民出版社, 2004.

[47] 兰德曼. 哲学人类学[M]. 阎嘉, 译. 贵阳: 贵州人民出版社, 2006.

[48] 布律迈尔. 裴斯泰洛齐选集(第二卷)[M]. 尹德新, 译. 北京: 教育科学出版社, 1994.

[49] 中国大百科全书总编辑委员会. 中国大百科全书·教育[M]. 北京: 中国大百科全书出版社, 1993.

[50] 黑格尔. 法哲学原理[M]. 范扬, 张企泰, 译. 北京: 商务印书馆, 2007.

[51] 尼布尔. 道德的人与不道德的社会[M]. 蒋庆, 等译. 贵阳: 贵州人民出版社, 1998.

[52] 卢梭. 爱弥儿(上)[M]. 叶红婷, 译. 北京: 台海出版社, 2016.

[53] 科恩. 论民主[M]. 聂崇信, 朱秀贤, 译. 北京: 商务印书馆, 2007.

[54] 霍尔巴赫. 自然的体系[M]. 管士滨, 译. 北京: 商务印书馆, 2007.

[55] 皮亚杰. 结构主义[M]. 倪连生, 王琳, 译. 北京: 商务印书馆, 2007.

[56] 穆勒. 功利主义[M]. 徐大建, 译. 上海: 上海人民出版社, 2007.

[57] 维柯. 论人文教育 [M]. 王楠, 译. 上海：上海三联书店, 2007.

[58] 萨特. 存在与虚无 [M]. 陈宣良, 等译. 北京：生活·读书·新知三联书店, 2007.

[59] 阿兰·德波顿. 身份的焦虑 [M]. 陈广兴, 南治国, 译. 上海：上海译文出版社, 2007.

[60] 让·鲍德里亚. 消费社会 [M]. 刘成富, 全志钢, 译. 南京：南京大学出版社, 2008.

[61] 奥勒留. 沉思录 [M]. 何怀宏, 译. 北京：生活·读书·新知三联书店, 2008.

[62] 查尔斯·蒂利. 身份、边界与社会联系 [M]. 谢岳, 译. 上海：上海人民出版社, 2008.

[63] 海德格尔. 路标 [M]. 孙周兴, 译. 北京：商务印书馆, 2007.

[64] 赫舍尔. 人是谁 [M]. 隗仁莲, 译. 贵阳：贵州人民出版社, 1994.

[65] 杰罗姆·布鲁纳. 有意义的行为 [M]. 魏志敏, 译. 长春：吉林人民出版社, 2008.

[66] 卡西尔. 人伦 [M]. 甘阳, 译. 上海：上海译文出版社, 1985.

后记

2018年9月10日，习近平总书记在全国教育大会上强调，要培养德智、体、美、劳全面发展的社会主义建设者和接班人，要在学生中弘扬劳动精神，教育引导学生崇尚劳动、尊重劳动，懂得劳动最光荣、劳动最崇高、劳动最伟大、劳动最美丽的道理，长大后能够辛勤劳动、诚实劳动、创造性劳动。劳动作为人的解放的手段，使人从分离走向聚合，从迷失走向存在，从野蛮走向文明。劳动的本真意蕴是丰富的，是深刻的，是高尚的。劳动教育不应把学生整天关在学校里，不应不断重复一些单调的规章和烦琐的制度。当前的劳动教育必须让学生有尽可能多的感觉、愿望和行动的空间；必须为学生的心灵和意志的独立生活留有合理的天地。劳动教育与生活不能剥离，只有回归学生的精神生活，回归现实的社会生活，回归多彩的教育生活，才能引导学生理解劳动、尊重劳动、热爱劳动，通过辛勤劳动、诚实劳动、创造性劳动实现人生价值，成为新时代的奋斗者。

劳动教育不是干瘪的、无内容的，而是包含内涵丰富的活动。劳动教育离不开生活世界，需要生活的滋养。劳动教育应当回归学生的精神生活，回归现实的社会生活，回归多彩的教育生活。在多样的生活样态中，引导学生感悟生活的真谛，体验劳动的意义，趋向有意义的人生。只有这样，才能提高学生的劳动素养，培育其良好的劳动习惯和积极的劳动态度，培养他们勤奋学习、自觉劳动、勇于创造的精神，最终，展现劳动教育的精神，彰显劳动教育的价值。

本书获得"内蒙古师范大学教育学院学术著作出版基金"资助，感谢学院的资助，使本书能够得以顺利出版。

本书能够得以顺利出版，离不开编辑老师的辛苦付出，在此对中国纺织出版社有限公司的编辑老师表示衷心的感谢。

本书在撰写过程中难免存在不妥之处，敬请各位专家、学者以及同行批评指正，不吝赐教！

编者

2023 年 1 月